Adios les Bibaros

Pierre Courade et Matthieu Lamarre

Adios les Bibaros

ARTHAUD

87, quai Panhard-et-Levassor
75647 Paris Cedex 13

ISBN : 978-2-0802-6710-8

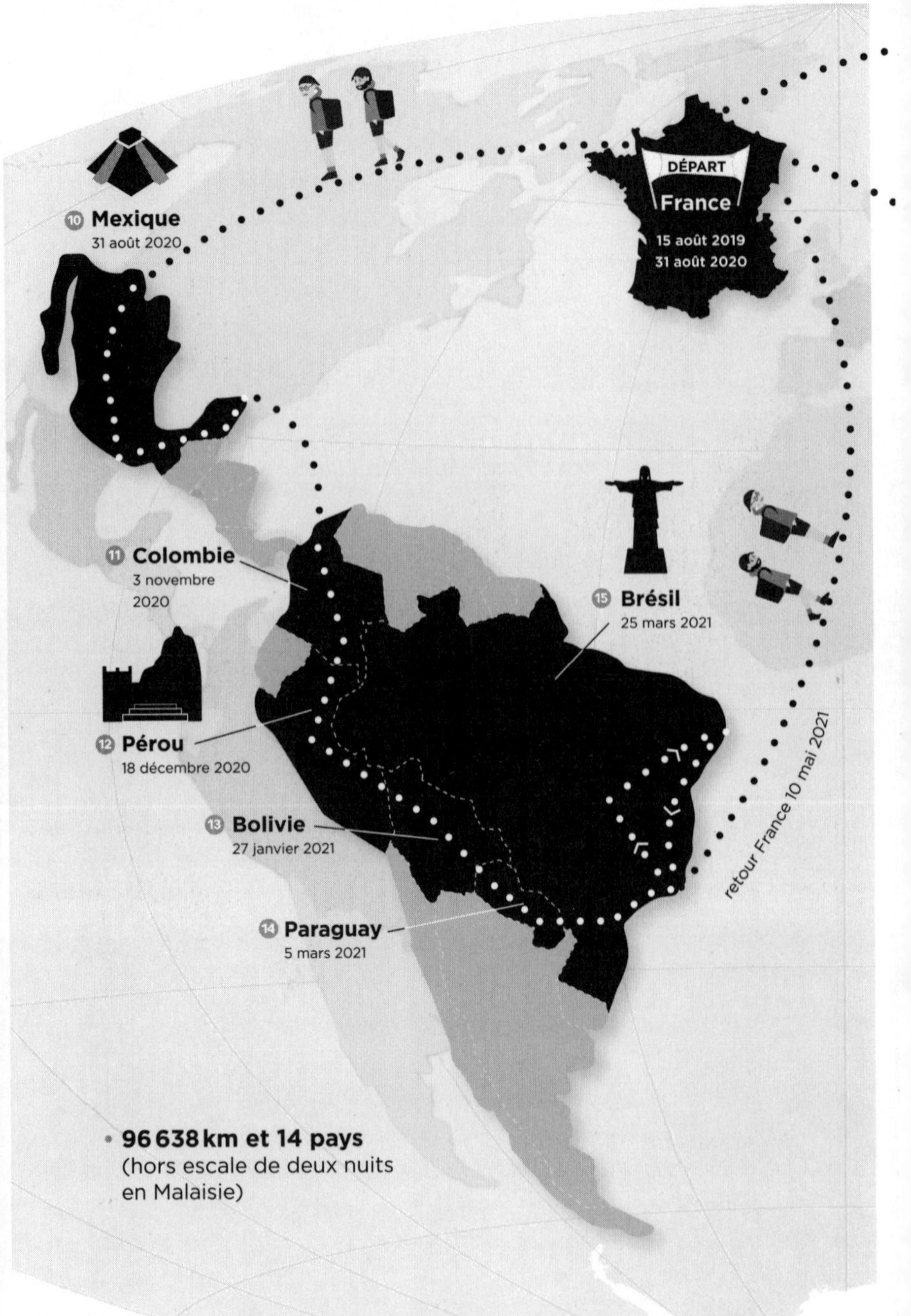
DÉPART
France
15 août 2019
31 août 2020
10 Mexique
31 août 2020
11 Colombie
3 novembre 2020
12 Pérou
18 décembre 2020
13 Bolivie
27 janvier 2021
14 Paraguay
5 mars 2021
15 Brésil
25 mars 2021
retour France 10 mai 2021
96 638 km et 14 pays
(hors escale de deux nuits en Malaisie)

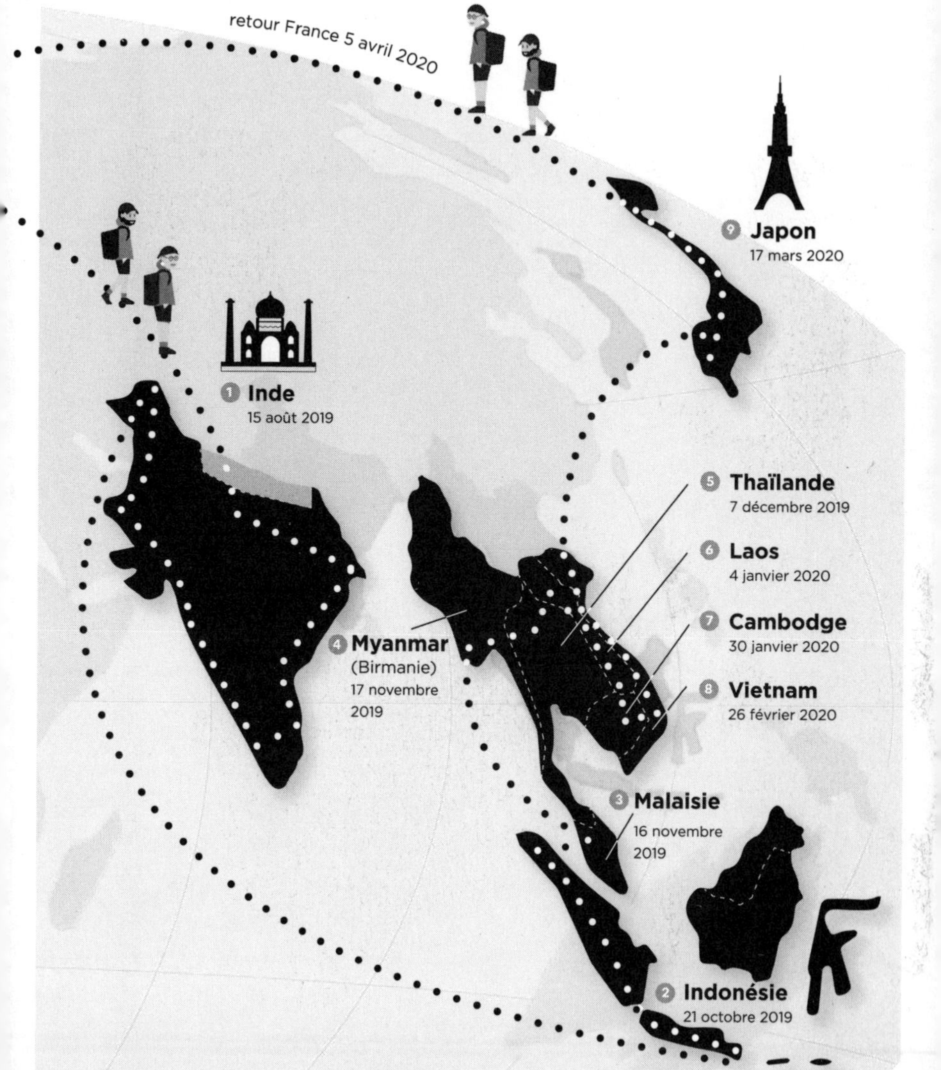

- **174 étapes en 486 jours**
(en décomptant la pause en France
à mi-parcours)

PREMIÈRE PARTIE

L'avant départ

I

« Et si nous partions faire le tour du monde ? »

Paris, France, samedi 21 avril 2018

Éva et Pierre-Olivier sont de retour. C'est par une devinette sur Instagram qu'ils nous l'annoncent : « Quelle est notre prochaine destination ? » Nous leur répondons Cuba. C'est Paris. Nous osons à peine y croire. Ces deux amis sont partis en tour du monde en 2016. Nous avons suivi leur périple à travers les réseaux sociaux, constaté que leur voyage ne cessait de se prolonger, imaginé que leur vie serait à jamais nomade. Deux ans plus tard, voilà qu'ils nous donnent rendez-vous au Café Monkey, rue Réaumur, à Paris pour une soirée de retrouvailles.

Nous sommes une trentaine autour d'eux à les assaillir de questions : « C'était quoi votre pays préféré ? », « Le meilleur truc que vous ayez mangé ? », « La pire galère ? », « Le plus beau monument ? ». Nous les trouvons courageux, un peu fous aussi, d'avoir fait ça. Nous nous inquiétons déjà pour la suite. Maintenant, où vont-ils loger ? Comment réussiront-ils à trouver du travail ? On dit qu'il n'est pas facile de reprendre pied après une telle aventure, qu'on risque le coup de blues… Eva attend que le silence retombe : « Nous partons habiter en Haute-Savoie. Pierre-Olivier a trouvé du boulot dans une agence de pub en Suisse et moi je débute un CAP pâtisserie. J'ai toujours rêvé de faire des gâteaux ! » Ça leur semble évident. Nous leur découvrons une nouvelle assurance. C'est comme si ce périple les avait libérés des inquiétudes matérielles et qu'ils se sentaient prêts à affronter toutes les situations. Nous ressentons de l'admiration pour eux. Nous les envions aussi un peu. Faut-il envisager de suivre leur chemin ? Ce serait dingue. Nous nous couchons cette nuit-là avec des étoiles dans les yeux.

*
* *

Agadir, Maroc, lundi 23 avril 2018

Nous remontons l'avenue d'Oued Souss tandis que le soleil s'efface sur l'Atlantique. Le ciel est dégagé mais l'air est encore frais en ce début de printemps. Nous enfilons nos pulls et nous asseyons sur le muret blanc qui délimite la plage. C'est l'heure où les vacanciers et les Gadiris se massent sur la corniche. Les premiers appuient frénétiquement l'index sur leur smartphone pour capturer le meilleur cliché des rayons orangés qui glissent sur l'eau avant de le partager sur Facebook, Instagram, Twitter ou Snapchat. Les autres connaissent déjà cette vue par cœur, flânent en famille ou entre amis pour se vider la tête après une longue journée de travail. Vacanciers et Gadiris. Ils se croisent, ils se mêlent, pourtant ils ne se voient pas, ne se parlent pas. Dès le jour éteint, tous repartent à leurs vies parallèles.

Nous rebroussons chemin jusqu'aux Dunes d'or, un quatre-étoiles où nous avons posé nos valises la veille. Quatre cent trente-huit chambres, sept terrains de tennis, quatre restaurants, trois bars, deux piscines, une gigantesque salle de mariage : c'est un étendard du tourisme de masse. Nous avons opté pour une semaine *all inclusive* proposée à prix cassé sur un site de réservation en ligne. À notre arrivée, le réceptionniste nous a gratifiés d'un bracelet vert pomme en plastique à conserver toute la durée de notre séjour : il indique aux serveurs que nos repas et nos boissons sont inclus. Oui, on peut picoler sans limites à toute heure de la journée. Alors, nous nous installons sur la terrasse et commandons des mojitos en imaginant ce que doit être la vie des clients qui nous entourent.

Ils sont presque tous originaires d'outre-Rhin, le propriétaire du lieu étant partenaire d'un tour-opérateur allemand. Ils ne comprennent pas un mot de ce que nous disons. « Lui, je crois qu'il s'est fâché avec sa femme », « Ces deux-là, c'est sûr, ils sont en lune de miel», «Celui-ci va peut-être finir par conclure», commentons-nous en faisant glisser nos regards sur leurs visages. Ce sont des familles de classe moyenne dont les enfants courent invariablement entre les tables puis s'écroulent soudain de fatigue vers 21 heures, des couples d'habitués venus parfaire leur bronzage, quelques vieux célibataires qui tentent de rompre avec leur solitude ordinaire. Nous savons que c'est un cliché, mais qu'est-ce qu'ils boivent comme bières ! Il y a le demi de 10 heures, la pinte de 12 heures, la *mass* pour l'apéritif. C'est le festival de Munich, les palmiers en plus.

De toute façon, tout est cliché ici : des buffets illimités qui débordent de saucisses industrielles jusqu'à la musique disco des cours d'aquagym. Sans oublier le spectacle folklorique après le dîner, où de jeunes danseuses marocaines agitent les grelots et les perles de leurs robes sous le nez de ces messieurs. Beaucoup de ces clients ne quitteront pas l'enceinte de l'hôtel de tout leur séjour, sauf pour une visite guidée. Que retiendront-ils du Maroc ?

Si nous ronchonnons un peu, c'est que tout cela n'est pas dans nos habitudes de voyage. C'est même ce que nous avons l'habitude de fuir. Les doigts de pied en éventail, ça nous ennuie. Nous avons plutôt la bougeotte. Nous aimons nous éloigner de ce que nous connaissons, nous frotter à l'inconfort, rentrer chez nous plus fatigués que nous ne l'étions avant de partir. Nos premières vacances ensemble, il y a dix ans, au début de notre relation de couple, c'était en Roumanie. Puis un *road trip* dans le Grand-Ouest américain. Un autre au Maroc en plein hiver. L'été dernier, nous parcourions le Sri Lanka en sac à dos. L'été prochain, ce seront les Balkans, sur les traces de l'ex-Yougoslavie, de la guerre et de la réconciliation. Pourtant, en ce mois d'avril 2018, nous avons atterri dans la station balnéaire d'Agadir. L'hiver en France nous a semblé interminable, nos boulots nous ont épuisés, nous n'avions qu'une semaine de libre à Pâques, alors nous nous sommes dit : « Pourquoi pas ? » C'est le premier club de vacances de notre vie.

Nous tenons deux jours. Le troisième, il nous faut arpenter la ville, nous éloigner de la plage pour découvrir les quartiers résidentiels. Nous tentons d'entrer dans le port industriel. Nous aimons voir la pêche du jour se déverser des filets et entendre les grossistes vendre à la criée. « Accès interdit », nous dit solennellement le gardien en uniforme noir. Les touristes, à force de poster des photos de poissons échoués sur le sol, ont créé une polémique sanitaire. Les autorités ont préféré suspendre les visites, le lieu est désormais réservé aux professionnels. Alors nous levons les yeux, apercevons les ruines d'Oufella et décidons de grimper cette petite montagne qui domine la ville. Plutôt que de passer par la route, nous optons pour le chemin des mules, nous nous éraflons, nous nous couvrons les jambes de terre et nous arrivons au sommet heureux de puer la sueur. Nous nous réfugions tout l'après-midi au souk El Had : 13 hectares de halles en métal où débordent les marchandises, les odeurs, les couleurs, la vie. Nous goûtons à tout ce qu'on nous tend et saisissons chaque occasion de discuter. Devant un stand d'épices, un marchand nous attrape par le bras pour nous amener dans son arrière-boutique : « J'ai une amie en France à qui j'aimerais écrire, mais je ne sais pas écrire. Puis-je vous dicter ma lettre ? » Nous sirotons avec lui deux tasses de thé à la menthe qu'il nous offre en remerciement. Nous poursuivons chez son voisin avec des baklavas qui dégoulinent de miel. Nous terminons les doigts qui collent, au milieu d'une allée, sur deux chaises branlantes d'où nous nous égayons de l'agitation générale en inspirant de grandes bouffées d'oxygène. C'est dans des endroits comme celui-ci que nous nous épanouissons vraiment. Le *all inclusive* des Dunes d'or est déjà un lointain souvenir : nous passons la soirée au Chowayat Annahda, un resto de quartier dont la spécialité est la tête de mouton bouillie. À compter du quatrième jour, Agadir est devenue trop étroite pour nos désirs d'aventure. Nous sautons dans des taxis collectifs dont nous négocions âprement les prix avec les chauffeurs, entassés des heures contre des inconnus, pour rejoindre Taghazout, Taroudant, Tifnit…

Le dernier soir, nous retrouvons la terrasse, les mojitos et nos comparses allemands dont la peau est passée pendant notre absence du blanc au rouge écrevisse. « Finalement, elle était bien, cette semaine », glisse l'un d'entre nous. « Elle n'est pas finie », répond l'autre dans un sourire. Il est encore temps de profiter du bracelet vert. Nous commandons une deuxième tournée, une troisième, encore une autre. Comme chaque fois dans ces cas-là, nous nous mettons à refaire le monde. Nous enchaînons les tirades, l'un vidant son verre tandis que l'autre parle, et inversement. Pas question de s'arrêter tant que l'alcool coule. Il est 1 heure du matin. « Désolé messieurs, c'est l'heure de fermer », interrompt le barman. La lune est ronde au-dessus de nos têtes. Nous n'avons aucune envie de dormir, alors nous poursuivons la discussion même sans verre.

C'est cette nuit-là que nous nous posons la question pour la première fois. Une question lancée en l'air comme une boutade. Une question qui pourtant va bouleverser notre vie : « Et si Éva et Pierre-Olivier avaient raison ? Et si nous partions faire le tour du monde ? » Nous rions.

*

*   *

Kotor, Monténégro, lundi 13 août 2018

Plus de mille cinq cents marches. La forteresse de San Giovanni, qui surplombe la vieille ville depuis un millénaire, se mérite. On nous avait dit d'entamer l'ascension au plus tôt de la journée ; bien entendu nous n'en avons fait qu'à notre tête. Nous nous lançons en fin de matinée à marche rapide sous un soleil de plomb, un peu trop sûrs de nous. Nous faisons tomber le tee-shirt à mi-chemin tant la chaleur est épouvantable et nous rachetons de l'eau à une vendeuse ambulante quand nous atteignons enfin le point culminant des fortifications. « Vous êtes certains de ne pas vouloir m'acheter une bière ? », nous demande-t-elle très sérieusement en anglais. Il est 13 heures. « Certains, oui », lui répondons-nous le souffle court. La vue sur ce fjord méditerranéen est inoubliable : les montagnes paraissent plonger de tout leur long dans la mer azur. Nous ressentons pourtant un gros pincement au cœur car notre mois dans les Balkans touche à sa fin.

Un mois. Nous savons que c'est un luxe de pouvoir partir si longtemps. C'est le bon côté de nos professions. L'un est dans le journalisme, l'autre dans la communication politique. Nos journées de travail sont denses, nous terminons rarement avant la nuit, nous sommes mobilisés le week-end, et une fois à la maison nous devons encore rester en veille. En contrepartie, nous pouvons poser six semaines de congé par an. Nous en consacrons une ou deux à nos proches, les autres sont dédiées au voyage. Cet été, nous avons essayé d'optimiser au maximum : fin du boulot le vendredi, départ le samedi ; vingt-neuf jours de *road trip* ; retour le dimanche, reprise du boulot le lundi. Aucun temps mort. Bosnie, Serbie, Kosovo, Macédoine du Nord, Albanie, Monténégro : nous avons parcouru six pays au volant d'un pot de yaourt loué à bon prix à la frontière croate. Si les distances restent raisonnables, nous avons vécu ce périple au pas de course. Nous pouvons nous réjouir d'avoir « fait » les incontournables. Comme s'il s'agissait de cases à cocher. Il y a aussi eu de belles rencontres. Malgré tout, la frustration domine. Nous n'avons qu'effleuré la surface des choses. Il y a mille questions que nous n'avons pas pu poser et l'essentiel nous échappe. Il aurait été raisonnable de prévoir un parcours resserré, d'avancer plus lentement. Sauf que, raisonnables, nous le sommes de moins en moins quand il s'agit de partir. Faute de pouvoir étendre nos séjours, nous les densifions à l'extrême. Il y a tant à voir dans le monde !

Du haut de la montagne, nous rompons le silence pour verbaliser ce sentiment qui s'est ancré en nous : « Nos vacances sont trop courtes. »

*

* *

Paris, France, dimanche 23 septembre 2018

« Quel prochain pays aimerais-tu découvrir ? » Ça ne fait pas deux mois que nous avons repris le travail que nous nous posons déjà la question. Le week-end est pluvieux et nous sommes enfermés dans notre appartement du boulevard Richard-Lenoir. Du balcon, on observe le génie de la Bastille brandir son flambeau. Avec ses ailes déployées et sa jambe droite lancée dans le vide, on sent qu'il veut s'évader. On a envie de le rejoindre, de l'accompagner, mais son pied gauche reste éternellement ancré à la colonne.

Depuis notre retour des Balkans, nous avons pris la résolution de mettre de l'argent de côté. Nous nous sommes fixé une trajectoire ambitieuse : avoir 30 000 euros sur notre compte bancaire d'ici août 2019. Cela représente un solide tour de vis dans nos dépenses. « Ça nous servira d'apport pour devenir propriétaires… ou à partir en tour du monde », avait glissé Pierre, à l'origine de cette épargne. C'était sa façon à lui d'entrouvrir la porte à un départ sans s'interdire plus tard de la refermer. Matthieu avait entendu cela comme une invitation à avancer. Quand il lui demande le prochain pays qu'il aimerait découvrir, la phrase doit plutôt s'entendre au pluriel et la réponse nourrir un brouillon de parcours. Il a commencé à s'informer sur Internet de la façon dont se prépare un tour du monde : la quantité de facteurs à prendre en compte donne le tournis. Il y a les innombrables formalités pour quitter sa vie d'avant. Il y a l'équipement, les vaccins et l'assurance. Il y a les visas qu'il faut parfois demander avant le départ et qui ne sont valables que pour une durée limitée. Il y a les phénomènes climatiques qui rendent des régions entières inhospitalières pendant plusieurs mois de l'année. Il y a la mappemonde du ministère des Affaires étrangères qui signale les zones dangereuses à contourner. Il y a les périodes de grandes vacances qui transforment certains lieux en parcs d'attractions saturés. Il y a notre volonté de dessiner un tracé cohérent pour emprunter le moins possible l'avion. Tout cela s'entrechoque, se mêle, se noue pour prendre la forme d'un véritable casse-tête.

Ce qui n'était qu'une blague lors d'une soirée alcoolisée à Agadir se transforme désormais en un changement de vie très sérieux qui nous attire et nous excite autant qu'il nous inquiète.

*
* *

Lourdes, France, mardi 25 décembre 2018

On a beau avoir 30 ans, à Noël on redevient des gosses. À peine réveillé, Pierre saute du lit pour rejoindre le pied du sapin et déballer les cadeaux. Nous sommes dans la maison de ses grands-parents dont le rez-de-chaussée est aménagé en second appartement, entourés de ses souvenirs d'école, de ses photos de famille et de sa collection d'albums de Tintin. Enfants, dans les Pyrénées pour Pierre et en Normandie pour Matthieu, nous rêvions tous les deux de devenir reporters. Nos parents, ouvriers et commerçants, ne comprenaient pas trop cette lubie pour un métier si éloigné de leur quotidien, mais ils nous ont toujours fait confiance et laissé la liberté de construire par nous-mêmes notre vie. Nous avons quitté tôt leur foyer. Encore étudiants, nous faisions nos premiers pas dans les rédactions. Nous n'avons jamais réfléchi avant de nous lancer. D'un boulot à l'autre, les choses se sont faites naturellement à force d'énergie et d'implication.

Nous nous sommes rencontrés pendant l'élection présidentielle de 2012 ; Matthieu avait bifurqué vers sa seconde passion, la politique. Nous étions chacun d'un côté de la barrière. Dès notre première rencontre, le courant est passé. Nous avons ressenti le besoin d'avoir toujours plus de temps ensemble. La nuit, nous arpentions les rues désertes de Paris, du nord au sud, d'est en ouest, profitant de ce temps libre pour disserter. Est-ce ce qu'on appelle un coup de foudre ? Cinq mois plus tard, nous emménagions dans le XVIIe arrondissement. Vivre ensemble si rapidement, ça passe ou ça casse… Depuis, nous n'avons plus jamais imaginé faire notre vie l'un sans l'autre.

La suite devrait être toute tracée : continuer à gravir les échelons professionnels, se marier, préparer l'arrivée d'un enfant. Alors pourquoi prendrions-nous le risque fou de tout hypothéquer pour faire le

« Et si nous partions faire le tour du monde ? »

tour du monde ? Non, vraiment, ce n'est pas le bon moment pour partir.

*

* *

Paris, France, mercredi 13 février 2019

Notre plan d'épargne est respecté à la lettre, l'incertitude financière est levée. Si nous devons partir, ce sera pour un an, d'août à août, de façon à reprendre le travail en septembre. Nous sommes décidés à nous concentrer sur deux continents pour nous déplacer autant que possible par voie terrestre. Nous commencerions par l'Asie, pour coller à la saison sèche et ainsi éviter les risques de la mousson, puis ce serait l'Amérique latine où nous n'avons jamais mis les pieds. Nous avons établi une liste des pays que nous désirons visiter : il y en a une trentaine. « C'est beaucoup trop. Il faut la ramener à une douzaine », commente Pierre en parcourant les noms griffonnés sur une feuille de papier. « Surtout si nous allons en Inde. Elle fait la taille d'un continent, nous y resterons au moins deux mois », complète Matthieu.

Nous avons trouvé depuis Noël un étrange équilibre : nous avançons minutieusement sur l'organisation de ce tour du monde sans avoir pris la décision de le faire. C'est un peu comme un jeu de rôle. Le temps d'une soirée, nous revêtons nos déguisements de globe-trotteurs et plongeons avec entrain dans la partie, nous affinons pendant des heures les détails, puis nous refermons le plateau et revenons à la réalité. Vous appellerez ça du déni, mais c'est la solution la plus confortable que nous avons trouvée.

Après tout, beaucoup de préparatifs d'un tour du monde n'ont aucune implication sur la vie quotidienne : établir un rétroplanning, définir le budget, tracer l'itinéraire, choisir l'équipement… On peut même aller jusqu'à réserver des hôtels avec annulation gratuite. Ça permet de se projeter sans s'engager. On peut rétropédaler. Ça rassure. Bien entendu, nous devrons à un moment parler de cette idée folle à nos proches. Mais en ravalant notre orgueil, il sera encore possible de renoncer ensuite. Viendra le jour où nous devrons réserver un billet d'avion, mais cet aller sec pourra toujours servir pour de simples vacances d'été. Plus nous réfléchissons, plus nous nous disons que le seul vrai point de non-retour, c'est l'annonce à nos patrons et au propriétaire de notre appartement. Là, ça se corsera. Difficile de se débiner une fois qu'on a posé sa démission et résilié son bail ! En tenant compte des préavis et d'un petit délai supplémentaire que nous tenons à leur accorder par courtoisie, nous avons fixé cette échéance à la mi-avril. Cela

« Et si nous partions faire le tour du monde ? »

nous laisse encore deux mois pour jouer un rôle sans en assumer les conséquences.

*

* *

Paris, France, vendredi 12 avril 2019

Nous avons passé la semaine séparés. Pierre était en vacances dans les Pyrénées aux côtés de sa famille. Matthieu était en déplacement pour le travail au Kurdistan irakien. Il sort juste de l'avion, sa valise à la main, quand nous nous rejoignons à l'anniversaire d'un ami près des Grands Boulevards. Les derniers jours ont été éprouvants. Il ne cache pas sa lassitude. Sûrement est-ce aussi parce que le jeu du tour du monde ne l'amuse plus vraiment ? Matthieu a pris sa décision il y a deux semaines : il veut le faire. Pierre réserve son avis et suit au pied de la lettre l'échéance de mi-avril : « Nous ne sommes pas le 15. J'ai encore le temps pour réfléchir », ne cesse-t-il de répéter. Le dira-t-il toujours ce soir ? Devant l'entrée du Frog & Underground, Matthieu croise Benjamin, l'un des invités, qui l'interpelle en fumant sa cigarette :

« Il paraît que vous envisagez de faire le tour du monde ?

— Tu es bien informé !

— Pierre m'en a parlé. Je trouve ça culotté. Moi, je n'oserais pas, mais je pense que vous devriez le faire. »

La discussion s'arrête là. Matthieu ne la répète pas à Pierre quand il le retrouve dans la salle privatisée au sous-sol. Il ne veut pas lui mettre davantage la pression. Cette décision lui appartient. La nuit est faite pour danser.

Le dimanche matin, Matthieu part encourager Emmanuelle, sa meilleure amie, qui participe pour la première fois au Marathon de Paris. Il est posté près des barrières, au pied du Génie de la Bastille qui ne s'est toujours pas envolé. Pendant ce temps, Pierre affronte une solide gueule de bois. Les shots de vodka, ce n'était pas une si bonne idée… Il reste couché toute la journée sur le sofa. « Trop mal à la tête pour une discussion… » Après tout, il a raison, nous ne sommes que le 14.

*

* *

Paris, France, lundi 15 avril 2019

C'est le grand jour, celui qui peut bouleverser notre vie. Ce soir, Pierre annoncera son choix. Comme nos plannings de travail ne sont pas très chargés, nous sommes convenus de nous retrouver à 20 heures autour d'une bière. Après tout, cette histoire a bien commencé par un verre ? Mais parfois le destin en décide autrement. Un peu avant 19 heures, Matthieu aperçoit depuis son bureau de l'Hôtel de Ville une épaisse fumée noire se dresser au-dessus de l'île de la Cité. Il se lève et court vers la sortie. Dans l'escalier, c'est déjà le branle-bas de combat. « On y va ! », lui lance sa cheffe. Notre-Dame brûle. Il est mobilisé pour s'occuper des journalistes sur place. Une nuit affreuse à voir les flammes se propager sur la charpente, la flèche tomber, le feu tout dévorer sur son passage, les cendres pleuvoir sur le parvis. Une nuit à craindre que la façade ne s'effondre et que ce symbole de Paris et de la France ne disparaisse pour de bon. Pierre aussi observe le nuage noir, depuis le balcon du XIe arrondissement. Nous nous disons que le monde peut vite basculer, que même ce qu'on pense immuable ne l'est pas. Quand Matthieu rentre vers 2 heures du matin, nous nous serrons dans les bras sans dire un mot.

Le lendemain matin, Matthieu repart aux aurores reprendre le travail. Mais alors que nous échangeons un « Je t'aime » par texto, Pierre ajoute : « Tu as bien compris que nous allons faire le tour du monde ? » Sa décision est prise.

II

« Vous allez vous marier ? »

Lourdes, France, samedi 4 mai 2019

Les yeux rougis et la voix sèche. Nous n'avons pourtant pas annoncé une mauvaise nouvelle mais la mine de la mère de Pierre s'est refermée juste après son « Je le savais ». Finalement, partir faire le tour du monde n'est pas si anodin. Surtout pour nos proches. L'inconnu qui s'ouvre devant nous est un vide qui s'offre à nos parents.

Mais il fallait bien l'annoncer à un moment donné ! Et c'est seulement quand Véronique lui a posé la question rituelle au tournant du printemps, ce moment où chaque journaliste se demande lui-même ce qu'il fera à la rentrée, que Pierre s'est enfin lancé.

Nous venons de terminer de déjeuner. Le café est encore fumant. Notre chat Auguste roupille sur le canapé. Mamie Christiane sort sa boîte de sucrettes. La grand-mère poule n'a pas le temps de s'inquiéter : nous avons tout prévu afin d'adoucir le choc de voir partir son petit-fils à l'aventure. Pierre sort de son chapeau une tablette numérique :

« Comme ça, tu pourras regarder nos photos [nous installons Instagram] et on pourra se voir quand on s'appellera [nous installons WhatsApp] !

— Même à 84 ans, on continue à apprendre ! », s'amuse-t-elle.

Maman garde le silence pendant que sa mère pose un tas de questions pratico-pratiques, comme si elle avait déjà imaginé ce tour du monde impromptu dans les moindres détails. Un voyage de noces à Nice dans les années 1950 et des escapades aux Baléares et à Baden-Baden ouvrent des perspectives plus grandes que seule l'imagination peut faire prospérer.

Alors nous y voilà. Le moment de l'annonce. Moment redoutable : comment nos proches vont réagir ?

Nous nous sommes vite rendu compte qu'il fallait un temps, non pas de réflexion, mais de compréhension pour que cette nouvelle qui pourrait sembler précipitée devienne une réalité réfléchie. Ainsi, lorsque Matthieu a annoncé à ses parents notre intention de partir pour un an, ce n'est qu'une semaine plus tard qu'il reçut une avalanche de questions de la part de sa mère. Très vite rassurée, Chantal achète dans la foulée des billets d'avion pour Bangkok : avec Olivier, le papa, ils nous rejoindront en Thaïlande à Noël !

Idem de la part du père de Pierre. L'annonce a été faite en fin de repas. Comme ces moments durent assez longtemps dans le Sud-Ouest, surtout quand mamie Henriette apporte sa fameuse mousse au chocolat, la manière de dire les choses entre le foie gras et la tranche de magret se présente assez facilement. Mais ce n'est que quelques jours plus tard que Pierre reçoit ce message plein d'espoirs de la part de Gérard, au naturel si réservé : « Après la surprise, je n'ai pas eu le temps d'être inquiet, tu m'as vite rassuré. »

Nous ne pensions pas susciter de telles émotions contradictoires chez nos proches. Une sorte de fracture générationnelle s'est même imposée à nous. Ainsi, quand nos parents nous demandaient : « Mais pourquoi quittez-vous votre appartement, votre travail, alors que tout va bien dans votre vie ? », nos amis comprenaient très bien notre envie d'aventures à l'étranger.

Lisa et Sophie bossent pour des émissions de voyage : jamais sur le même fuseau horaire, nous sommes pourtant sur la même longueur d'onde lorsqu'il s'agit de s'évader. Finalement, être trentenaires à Paris, ce n'est pas une prison, mais une chance. Certes, nous avons des boulots formidables et passionnants. Mais faut-il pour autant s'enfermer dans cette monotonie ? Un contrat n'est pas forcément une fin en soi. En revanche, un prêt à la banque aurait pu nous obliger : c'est pourquoi nous avons pesé le pour et le contre et si cette envie de voyage risquait de se faire irrésistible, il valait mieux l'assouvir avant de nous lancer dans une aventure immobilière. Nous sommes libres !

La dernière étape, après les proches, le couperet, le point de non-retour que nous avions consciemment ou inconsciemment en tête quand nous avons décidé, ensemble, de nous lancer dans ce tour du monde, est l'annonce à nos employeurs. Pierre termine un contrat dans une grande chaîne d'info. Ses patrons lui proposent de prolonger : « Malheureusement, on a un projet avec Matthieu : on part faire le tour du monde… » Réponse du tac au tac de sa cheffe : « Mais tu fais tellement bien ! C'est le moment ! En revanche, surtout, n'oublie pas, quelques mois avant ton retour, tu me rappelles ! »

Émotion décuplée du côté de l'Hôtel de Ville de Paris. Pas simple d'annoncer à la maire de la capitale son choix de quitter ses fonctions après cinq ans de collaboration intense, parsemée de crises terroristes, migratoires, climatiques et politiques.

« J'ai quelque chose de personnel à t'annoncer…

— Vous allez vous marier ?

— Pas encore. Nous allons…

— Vous allez avoir un enfant ?

— Non plus. Nous partons faire un tour du monde ! »

Comme pour nos parents, la surprise fut totale. Quelques temps plus tard, au cours d'une petite cérémonie de départ, Anne Hidalgo loue les qualités de Matthieu et, apercevant Pierre dans l'assistance, elle lui lance : « Surtout, tu me le ramènes après ! »

L'aventure pour nous, le vide pour les autres. C'est bon, aussi, de se sentir aimés. Annoncer son choix, c'est également se parer de tendresse, un carburant qui nous sera essentiel pendant cette année au bout du monde.

III

« N'oubliez pas de prendre ça ! »

Paris, France, samedi 25 mai 2019

Nous remontons le quai de Jemmapes sous le crachin. Il est 7 h 30 et les rues sont désertes. Les Parisiens sont des lève-tard le week-end. Nous faisons exception pour la bonne cause. Deux croissants attrapés dans une boulangerie, nous bifurquons rue de la Grange-aux-Belles jusqu'au numéro 16 : l'une des entrées de l'hôpital Saint-Louis. Une file s'est déjà constituée devant le bâtiment Myosotis. L'un d'entre nous s'y installe tandis que l'autre part en quête de cafés. Il revient cinq minutes plus tard, deux gobelets fumants entre les mains.

« J'ai trouvé un distributeur automatique dans le hall, mais je ne te promets pas le goût. Ils n'ont pas ouvert la porte ?

— Ils viennent de nous dire d'attendre 8 h 30… J'ai compté quinze personnes devant nous. J'espère qu'on passera… »

Le rez-de-chaussée des Myosotis abrite le service des maladies infectieuses et tropicales. C'est ici que certains terminent leurs vacances après avoir contracté une saloperie. On y accompagne aussi des malades du sida. Chaque samedi matin, un public différent se presse : les voyageurs en devenir qui ont besoin de vaccins. C'est ce qu'on appelle un bon plan de routard. Les prix pratiqués dans les hôpitaux publics pour les vaccins « facultatifs » sont bien plus abordables qu'à l'Institut Pasteur ou dans les centres Air France. La contrepartie, ici, c'est qu'on ne peut se présenter qu'une demi-journée par semaine et que la règle est : « Premier arrivé, premier servi. » Une femme devant nous est là depuis 6 heures, elle tape bruyamment du pied au sol pour se réchauffer.

Clac. La porte vitrée se déverrouille enfin. Une dame en blouse blanche nous salue en bâillant. Elle nous remet un petit ticket numéroté. Au bout du soixantième, c'est fini : les gens sur le carreau devront retenter leur chance le samedi suivant. Nous prenons place dans une salle d'attente éclairée au néon et nous jetons un œil sur ceux qui nous entourent. Il n'y a que des trentenaires, comme nous, qu'on devine baroudeurs, comme nous. Les manteaux tombent et l'ambiance se détend. « Tu sais si on a besoin d'un visa pour la Thaïlande ? », demande un jeune homme à son amie. Une autre parcourt avec assiduité le *Lonely Planet* du Laos.

C'est déjà notre tour. Nous pénétrons dans un bureau minuscule où nous attend une médecin. « Bonjour messieurs. Alors, où partez-vous ? », nous demande-t-elle sans perdre un instant. Quand on lui explique pour le tour du monde, elle sourit : « J'adorerais le faire ! » Elle a sous les yeux la liste de tous les vaccins disponibles, qu'elle coche à mesure que nous lui indiquons les pays. Quand elle est prise d'un doute, elle pianote sur son ordinateur avant de conclure sa recherche d'un « Ah oui, c'est bien ça » accompagné d'un hochement de tête satisfait. Nous n'avons jamais eu peur des piqûres, mais la liste commence à sembler longue. « Un instant, je recompte. » Pierre est bon pour six injections. Matthieu s'en sort avec cinq : il a pris un peu d'avance grâce à un précédent séjour au Sénégal. Elle nous remet le document à présenter aux infirmières, ainsi qu'une ordonnance pour une série de médicaments utiles en voyage : « Ça, c'est pour les vomissements, ça, pour les maux de tête, ça, pour les diarrhées, ça, pour purifier l'eau… Et ça, surtout, c'est à réserver à une forte poussée de fièvre. » Nous nous regardons un peu inquiets : voulons-nous vraiment partir ?

Au moment de piquer, les infirmières rivalisent de blagues pour détendre l'atmosphère. Cette bonne humeur fonctionne.

« Voilà, c'est fini !

— Déjà ?

— Il vous faudra quand même revenir nous voir pour les rappels.

— Juste une question : on a un anniversaire ce soir, doit-on éviter l'alcool ?

— Éviter l'alcool ? Quelle idée ! Buvez donc, ça passera mieux. »

Nous pouvons rayer les vaccins de la longue liste des préparatifs, mais il reste encore tellement à faire ! Point positif : les discussions sur l'itinéraire sont terminées. Nous sommes tombés d'accord pour parcourir en douze mois un total de treize pays – pas de superstition, s'il vous plaît. Ce sera l'Inde, l'Indonésie, la Birmanie, la Thaïlande, le Laos, le Cambodge, le Vietnam, le Japon, puis le Mexique, la Colombie, le Pérou, la Bolivie et l'Argentine. Côté budget, nos économies sont presque constituées. Nous prévoyons toujours de consacrer à ce projet 15 000 euros chacun tout inclus, à affiner dans les détails pour savoir quelle part allouer à l'équipement, aux billets d'avion et à la vie sur place. Restent les paperasses administratives. Nous nous transformons en spécialistes des lettres recommandées et des résiliations : au propriétaire de notre logement, au fournisseur d'accès Internet, à EDF, à la salle de sport à laquelle nous n'allions plus depuis des mois, à la chaîne de cinéma chez qui nous avions une carte illimitée, à la RATP et à Vélib' pour nos abonnements de transport. Matthieu rencontre quelques difficultés pour se séparer de sa mutuelle :

« Si vous déménagez à l'étranger, nous avons besoin d'un justificatif de domicile dans votre nouveau pays de résidence.

— Je ne vais pas avoir de domicile. Je pars en tour du monde.

— Alors, nous avons besoin d'une attestation de votre nouvel employeur.

— Je ne vais pas non plus avoir d'employeur. Je pars en tour du monde ! »

La case « tour du monde » n'existe pas sur la plupart des formulaires administratifs. Peut-être faudrait-il l'inventer ? Nous nous rapprochons aussi de Pôle emploi pour connaître la marche à suivre afin de percevoir nos allocations au retour : un souci d'anticipation qui se révèle salutaire.

« Vous avez un an pour faire valoir vos droits à compter de votre date de fin d'emploi.

— Mais si nous ne sommes pas rentrés dans un an ?

— Vous perdrez vos droits. »

La sentence est irrévocable, comme on dit dans Koh-Lanta. Nous moulinons pour trouver une solution. Elle est finalement assez simple : il suffit d'avoir un temps de battement entre la fin de son contrat et le départ. On s'inscrit à Pôle emploi avant le tour du monde puis on gèle ses droits au moment de partir. On a ensuite trois ans pour les réactiver. Normalement, d'ici là, nous serons rentrés !

Le déménagement nous pose un problème pratique autant qu'un cas de conscience. Où allons-nous stocker nos affaires ? Les garages et caves de nos parents sont-ils assez grands pour les contenir ? Abuserions-nous de tout laisser chez eux ? Nous faisons le choix d'un grand ménage de printemps. Puisque le tour du monde implique de déconstruire sa vie professionnelle et sociale, profitons-en pour nous dépouiller de l'accessoire. Nous consacrons des soirées entières à déterminer quel objet est indispensable ou inutile. « On garde. On jette. On garde. On jette », annonce-t-on froidement en balayant notre doigt sur les étagères. Nous faisons même un gigantesque tri dans la bibliothèque pour ne conserver que les livres dont nous n'imaginons jamais nous séparer.

Nous refusons toutefois de jeter. Nous partons en quête des entreprises qui réemploient et des associations qui redistribuent. Nous découvrons les joies des annonces sur Le Bon Coin auxquelles des inconnus répondent en vous proposant avec aplomb le dixième du prix de vente. Un soir, nous parvenons à convaincre un voisin que notre table basse serait du plus bel effet dans son salon : « Attendez, je vais quand même demander à ma femme. » Elle donne son accord. Cette braderie générale est une telle réussite que nous n'avons bientôt plus rien ou presque. Mi-juillet 2019, lorsque nous accueillons nos amis pour qu'ils se fassent déménageurs d'un jour, ils s'exclament d'une même voix : « Mais où est donc passé le reste ? »

Adieu l'accessoire, bonjour l'essentiel. Pendant un an, nous allons devoir vivre avec un sac à dos de 50 litres. Ce sera lui, notre maison. Quand nous commençons à lister son contenu, la tentation est forte de vouloir tout anticiper. « On prend une moustiquaire ? Nous aurons des vêtements à faire sécher. Il faut un fil et des pinces à linge ! » C'est une mission impossible. D'abord, parce que personne ne peut savoir ce qui lui arrivera pendant une année entière. Ensuite, parce que chaque chose à un poids, et que ce poids nous devrons le supporter, sous le soleil comme sous la pluie, en altitude ou dans l'urgence d'attraper un bus dont le moteur vrombit déjà. Nos parents, dont le passe-temps est désormais d'imaginer les galères de cette aventure, se montrent de catastrophiques conseillers : « N'oubliez pas de prendre ça, et ça aussi. C'est v-i-t-a-l. » Sauf qu'au moment de tirer la fermeture Éclair, sans surprise, ça ne rentre pas.

Nous changeons de clef de lecture : la priorité va au plus petit, au plus compact et au plus léger. Nous nous résignons à ne conserver que l'équivalent de quatre jours de change, uniquement des vêtements auxquels nous ne tenons pas car ils seront probablement usés, perdus voire volés en cours de route.

Nous découvrons avec bonheur les serviettes microfibre, aussi fines qu'elles sèchent vite, tandis que les sacs congélation deviennent un outil magique de compression des tee-shirts. Douze kilos, c'est le poids final du sac que nous parvenons enfin à fermer et que nous porterons chacun sur le dos. Il est certain qu'il manque des choses à l'intérieur, mais un tour du monde n'est pas un voyage dans le désert : nous le verrons chaque fois que besoin, où que nous nous trouvions, il est toujours possible de se faire dépanner.

IV

« Tous les deux pour un an »

Aéroport Charles-de-Gaulle, France,
jeudi 15 août 2019

Bien que nous soyons couchés, nous ne dormons pas. C'est sans aucun doute l'excitation du départ. Impossible de sombrer dans le sommeil tant les images se bousculent dans nos têtes : celles des retrouvailles avec Éva et Pierre-Olivier, celles d'Agadir, celles de Kotor, celles de l'annonce à nos proches. Nous voyons défiler sous nos yeux presque un an de préparatifs. Les images, aussi, des mois qui nous attendent, que nous concevons à partir des films, des reportages et des livres qui ont nourri notre imaginaire. Nous nous voyons en train de parcourir l'Inde comme la décrivent Dominique Lapierre et Larry Collins dans *Cette nuit la liberté*, comme la mettent en scène Roland Joffé dans *La Cité de la joie* et Danny Boyle dans *Slumdog Millionaire*. Il y a bien sûr encore cette crainte d'avoir oublié quelque chose, il y a encore cette petite voix qui nous dit que ce projet est une erreur, mais un tumultueux torrent d'ivresse les submerge. Nous avons envie que les heures accélèrent pour être déjà dans l'avion. Notre corps nous dit de dormir, mais notre cerveau reste à l'affût de chaque son ou de chaque lueur qui signalerait l'arrivée du matin.

Quand l'aube survient enfin, nous sautons du lit avec le soulagement de la délivrance. Le petit-déjeuner est englouti en trois bouchées. Nous expédions tellement la douche que nous en sortons secs. Les vêtements passés, le sac sur le dos, allons-y ! La route entre la maison des parents de Matthieu et l'aéroport semble interminable. Nous ne pouvons nous empêcher de fixer l'horloge numérique qui surmonte l'autoradio. Nous ne savons quoi raconter pour passer le temps, nous n'avons d'ailleurs pas envie de parler, juste d'arriver, alors nous mettons de la musique dont nous fredonnons machinalement le refrain. Le terminal 3 apparaît. La voiture s'arrête sur le bas-côté devant l'une des portes coulissantes. Nous en descendons un peu tremblants. C'est l'instant des dernières embrassades et de la petite larme de maman. Nous profitons d'une balance à bagages qui trône dans le hall pour faire notre pesée, en lançant tel un défi : « On verra au retour le nombre de kilos perdus ! » Ce sont nos derniers mots avant de les quitter. Les formalités franchies, nous nous asseyons côte à côte dans la salle d'embarquement, nos affaires à nos pieds et le téléphone à la main.

Des dizaines de messages d'encouragements surgissent sur l'écran, un dernier shoot d'affection et de douceur avant le grand saut dans l'inconnu.

Dans les haut-parleurs, un steward appelle les passagers du vol AZ 319 d'Alitalia. Nous montons à bord. La porte se ferme sur nos pas. Les moteurs vrombissent alors que les hôtesses rappellent les règles de sécurité. Le réseau téléphonique s'interrompt et avec lui notre connexion à nos proches. Cette fois, nous ne sommes plus que tous les deux. Tous les deux pour un an.

DEUXIÈME PARTIE

Les premiers pas

V

« Qu'est-ce que vous aimez le plus ici ? »

Old Delhi, Inde, vendredi 16 août 2019

Décalage horaire oblige, nous atterrissons en pleine nuit. Ultime inquiétude devant la police aux frontières qui contrôle notre visa et tamponne notre passeport – même avec l'expérience, nous continuerons à ressentir cette appréhension à chaque changement de pays devant ces hommes en uniforme qui ont le pouvoir discrétionnaire de vous renvoyer illico là d'où vous venez. C'est bon pour cette fois : nous entrons officiellement en Inde avec le droit d'y séjourner trois mois.

Avant de quitter le hall, nous souhaitons faire un achat essentiel, celui d'une carte SIM locale qui nous permettra d'accéder à Internet. On n'y a rarement recours lorsqu'on est en vacances, mais c'est la solution bon marché quand on réside longtemps dans un pays étranger. Cela demande toutefois un peu d'agilité. Il faut savoir insérer la puce dans son téléphone, l'activer auprès de l'opérateur et souscrire un forfait : des manipulations qui diffèrent d'un pays à l'autre et se font la plupart du temps en langue autochtone. Alors bon courage avec l'hindi ! Il y a aussi toujours le risque de tomber sur un revendeur malhonnête qui vous fourgue chèrement une carte SIM usagée – ça nous arrivera quelques semaines plus tard en Indonésie. C'est pour cela qu'il vaut mieux acheter sa SIM dès l'arrivée à l'aéroport, là où l'on trouve des comptoirs officiels plus fiables que les stands de rue. Plus facile à dire qu'à faire quand il est 2 heures du matin. Dans n'importe quel autre pays, les boutiques ont depuis longtemps baissé le rideau. Mais l'Inde, elle, est encore debout. Nous le constaterons sans cesse au cours de notre séjour : elle ne s'arrête absolument jamais. Nous l'aimerons pour cela autant que nous la détesterons, tant le bruit incessant des rues perturbera notre sommeil. À cet instant, c'est un bel avantage. Quelques minutes plus tard, pour une poignée de roupies, le précieux sésame est désormais en place dans le téléphone. Il ne reste plus qu'à rejoindre notre hôtel.

Pour ces débuts de voyage, *Le Routard* est notre bible – nous nous en libérerons ensuite. Nous y avons lu que les abords de l'aéroport sont dangereux la nuit. Il y aurait beaucoup d'arnaques au taxi : des hommes avec de fausses licences qui vous embarquent afin de vous détrousser, avant de vous abandonner dans un terrain vague. Ça nous a un peu refroidis, alors nous avons demandé à notre hôtel d'envoyer un chauffeur. Il est bien là, à la sortie, avec un bout de carton où sont écrits nos noms de famille, chaleureux malgré sa nuit blanche. Il a la conduite aussi rapide que légère, le code de la route est moins son problème que d'enchaîner les courses. Nous traversons des zones industrielles désertes, puis les quartiers chics déserts eux aussi pour enfin arriver à Pahar Ganj, le quartier des routards car truffé d'hébergements abordables, la porte d'entrée d'Old Delhi, le cœur historique de la capitale indienne, avec ses marchés qui débordent, ses ruelles tortueuses et ses vendeurs de *chai*. Là, la journée bat encore son plein. On continue à y vendre des produits en tous genres, à dîner ou petit-déjeuner – on ne sait pas trop à cette heure –, à discuter avec ses voisins. La voiture a du mal à atteindre notre hôtel tant la voie est étroite et encombrée de carrioles, de caisses, de déchets aussi. La façade n'est pas très engageante, avec sa peinture qui s'effrite et les fils électriques qui forment une menaçante toile d'araignée au-dessus de nos têtes. Le réceptionniste nous attend, nous payons d'avance et il nous emmène à la chambre, plus spacieuse et plus confortable que ce que nous commencions à penser. Sur le balcon, nous prenons enfin une bouffée d'oxygène, même si l'air pue la pollution.

Nous n'oublierons jamais cette phrase de deux routards français croisés un soir dans un spectacle de danse. Ils terminaient leur tour du monde dans la nation de Gandhi. « Si vous trouvez l'Inde facile, alors tous les autres pays vous sembleront faciles. » C'était vrai. Il n'y a pas plus bouleversant que l'Inde avec son milliard et demi d'habitants en effervescence permanente. L'Inde avec ses fêtes religieuses et ses processions quasi quotidiennes. L'Inde où la 4G est déployée plus vite que l'eau courante. L'Inde où nous devons à chaque instant regarder à droite si un tuk-tuk ne débarque pas en trombe, à gauche si une vache ne risque pas de nous encorner, au sol si nous ne marchons pas sur un mendiant cul-de-jatte, en l'air si un riverain ne balance pas ses eaux usées par la fenêtre. Nous ne pouvions pas rêver mieux pour plonger dans le bain du tour du monde et de la débrouille. Nous arpentons la ville de fond en comble, marchons des dizaines de kilomètres. Nous voulons découvrir chaque temple hindou, chaque mosquée, chaque édifice colonial. Nous arpentons les quartiers chics, les jardins de Lohdi, comme les quartiers musulmans sclérosés par l'extrême pauvreté et la ségrégation. Certaines scènes nous retournent l'estomac, surtout les personnes mutilées, handicapées ou gravement malades, mais l'ambiance n'a jamais le temps de devenir pesante tant l'accueil est formidable.

Nous vivons dans l'extrême sollicitation. À chaque instant, nous nous faisons arrêter par un Indien pour un selfie, pour une accolade, pour échanger quelques mots en anglais, pour nous apporter des renseignements alors que nous ne cherchons rien, pour nous vendre une breloque, nous faire goûter un aliment ou nous demander l'aumône. Toujours avec le sourire et beaucoup de politesse – des privilèges visiblement réservés à l'étranger de passage car entre eux les Indiens se bousculent et s'interpellent parfois avec une violence et un mépris de caste inouïs. Une question revient dans la bouche de tous nos interlocuteurs : « Qu'est-ce que vous aimez le plus ici ? » Nous avons beau expliquer que nous venons tout juste d'arriver, nous sentons dans leur regard impatient qu'il faut leur apporter une réponse. Alors nous répondons des banalités dont on sait qu'elles font plaisir et nous récoltons un visage satisfait. C'est dingue comme ce pays est prenant, ce peuple attachant, comme ils vous embarquent dans leur monde dans un débordement d'affection pour ne plus vous relâcher. Nous en pleurerons, dix semaines plus tard, au moment de les quitter, tout en sachant que nos corps et nos esprits en sont épuisés.

Ce début de tour du monde diffère déjà des vacances par ce qu'il nous permet de nous immerger dans cette société si opposée à la nôtre sans avoir rien d'autre à penser que l'instant présent.

VI

« On a encore dépassé… »

Munnar, Inde, mardi 10 septembre 2019

Chaque soir, la phrase tombe comme un couperet : « On a encore dépassé. » Matthieu est devenu le comptable du couple. Il vient de faire l'addition des dépenses du jour sur son téléphone portable. Qu'importe que nous soyons au cœur des montagnes kéralaises, immergés dans le vert vif des plantations de thé, que nous ayons passé la journée à randonner sur la piste des éléphants sauvages, qu'on ait ensuite profité d'un long massage ayurvédique pour soulager nos courbatures, il en revient toujours à la même préoccupation : l'argent. Ce sera notre premier sujet de friction en ce début de tour du monde.

Depuis notre arrivée en Inde, nous sommes incapables de tenir le budget. Pourtant, nous n'avons jamais l'impression d'être dans l'excès. Nos hôtels sont parmi les plus abordables, nous ne mangeons que dans des restos de poche, nous n'achetons aucun souvenir… Où pouvons-nous faire des économies ? Même en tour du monde, le budget reste le nerf de la guerre, croyons-nous alors.

Nous l'avons décidé dès l'origine du projet : nous ne travaillerons pas à distance. Nous ne voulons pas avoir un fil à la patte qui nous freine dans nos mouvements ou nous occupe une partie du cerveau. Travailler en voyageant, ce n'est pas être globe-trotteur mais *digital nomad*. On en croise beaucoup en Asie où ils demeurent à peu de frais dans des décors de cartes postales. Ils ne mènent pas la même aventure. Au cœur de leur journée, il y a toujours le boulot et la charge mentale qu'il implique. Le voyage est un ornement : il leur permet d'avoir un bureau avec vue sur la mer, de vivre constamment en été et surtout de profiter d'un pouvoir d'achat cent fois plus élevé que celui qu'ils auraient en Europe. Nous, on s'en moque du soleil éternel et des plages paradisiaques. Nous voulons que ce tour du monde nous oblige à sortir de notre zone de confort, qu'il éprouve nos limites. Pour cela, il faut être libre à 100 % dans sa tête. Vivre de notre épargne nous a paru la meilleure option. Sauf qu'en pratique, c'est un peu plus compliqué.

« Si on continue comme ça, ce qu'on a mis de côté ne suffira pas. Nous devrons renoncer à une partie du voyage pour rentrer plus tôt en France. » Nous sommes à peine partis que nous nous inquiétons déjà d'un retour anticipé ! Pierre s'en agace, il n'aime pas parler argent, c'est son petit côté catho, et encore moins tout compter, tout le temps comme nous le faisons depuis trois semaines. Déjà, avant le départ, nous avions examiné les prix dans chaque pays que nous projetions de traverser. Les transports, les hébergements, les repas, les loisirs : tout avait été passé au crible pour déterminer un budget moyen par personne. En Inde, il est de 25 euros par jour. Maintenant que la réalité se heurte à nos prévisions, nous flippons. Cette obsession est à deux doigts de prendre le pas sur tout le reste. « Pas d'inquiétude, nous allons trouver le rythme », tentons-nous de nous rassurer. À raison. On a beau se croire routard, ce rythme, on ne l'apprend vraiment qu'une fois en chemin. Quand on débute un tour du monde, on veut tout voir, tout faire. Or, plus le programme est chargé en visites, plus on dépense. On se croit aussi un peu en vacances, avec un goûter chaque fois qu'une friandise nous fait envie, une Kingfisher pour terminer en douceur la journée. On ne s'en rend même pas compte, ce sont des réflexes naturels lors d'un séjour à l'étranger. Il y a aussi les négociations perdues avec les commerçants – car on n'a les premiers jours qu'une vague idée du coût de la plupart des produits – et les erreurs de conversion, un zéro étant vite oublié en passant de l'euro à la roupie.

Nous n'aurons pas besoin de nous serrer la ceinture. Au fil du temps, nous apprenons à modérer nos envies spontanées, à ne pas tomber dans le panneau des promotions qui n'en sont pas, à marcher bien plus souvent que nous ne prenons un tuk-tuk. Nous découvrons aussi plein d'astuces sur le tas, qui nous transforment en de redoutables marchandeurs. Nous ne prenons plus nos billets de bus sur Internet : les compagnies qui proposent ce service en ligne sont toujours les plus touristiques donc les plus chères ; mieux vaut faire le tour des comptoirs dans les gares routières pour repérer celle qui n'est fréquentée que par les habitants du coin. Nous privilégions les transports de nuit dans les pays où les logements sont chers afin d'économiser une chambre. À l'inverse, nous optons pour des bus de jour dans les pays où les logements sont bon marché. S'il n'y a pas de ticket, nous demandons toujours le montant avant de nous mettre en route afin d'éviter les mauvaises surprises à l'arrivée.

Nous profitons des longs trajets pour rechercher des promos sur les pages Facebook et les comptes Instagram des hôtels. Nous contactons leurs propriétaires sur WhatsApp pour discuter directement avec eux des tarifs. Nous commençons chaque fois par leur dire que nous ne resterons qu'une nuit, puis nous décrochons un rabais contre la promesse de prolonger notre séjour. Nous prêtons attention aux petits détails qui font la différence : le petit-déjeuner inclus, la cuisine collective où l'on peut préparer ses repas, le lave-linge en libre-service qui nous épargne les frais d'une laverie. L'eau potable à disposition, aussi, qui nous évite d'acheter des bouteilles d'eau – nous opterons ensuite pour une gourde filtrante, encore plus économe et écolo. Pour manger, nous écartons d'emblée les restos indiqués dans *Le Routard* et le *Lonely Planet* : ils augmentent leurs prix dès qu'ils se savent recommandés. Nous devenons des adeptes des stands de rue avec leurs plats préparés minute que nous dégustons assis sur le trottoir. C'est d'ailleurs là que les ingrédients sont les plus frais, achetés le matin même au marché et épuisés au point du jour. Nous apprenons aussi à ne rien faire, rattrapant en une journée nos excès de la semaine.

Lorsque nous terminons nos deux mois et demi en Inde, nous faisons une ultime addition :

« Nous avons dépassé le budget prévu...

— De combien ?

— 0,6 %. Une broutille. »

Nous éclatons de rire. L'appréhension a presque disparu.

Au gré de nos rencontres avec d'autres voyageurs, nous comprenons que l'argent n'est finalement pas un sujet. Il y a un tour du monde pour chaque budget. Nous croisons des personnes seules, des couples mais aussi des familles qui se débrouillent avec une poignée d'euros par jour. Ils se déplacent en auto-stop et donnent des coups de main en échange d'un hébergement et de repas gratuits. Certains proposent des cours de français, d'autres font le service à la terrasse d'un café ou aident un agriculteur dans sa récolte. Parfois, il s'agit juste de garder une maison ou des animaux pendant que leurs propriétaires s'absentent. Il arrive bien souvent que des habitants offrent de dormir sur leur canapé ou de camper sur leur terrain sans rien demander en échange si ce n'est de partager un peu de temps pour apprendre l'un de l'autre. La démocratisation d'Internet dans le monde a considérablement simplifié les choses : des dizaines de plateformes recensent des annonces, même dans les coins les plus reculés.

À Samaipata, en Bolivie, nous tombons sur Alexis, un Français aux cheveux longs, la vingtaine. C'est un as de la débrouille. Il arrive du Paraguay qu'il a traversé en levant le pouce au bord des routes. C'est ainsi qu'il a sympathisé avec un routier qui l'a invité plusieurs jours dans son appartement d'Asunción. Nous nous parlions depuis quelque temps déjà sur Instagram. Nous profitons que nos chemins se croisent pour partager un *colectivo* jusqu'aux vestiges d'une cité inca. Mais Alexis ne compte pas payer le ticket d'entrée au site : « J'ai entendu dire que si l'on aide à planter des arbres, on peut visiter gratuitement les ruines. » Il n'a pas plus d'infos, il verra sur le moment. Pendant le trajet, il nous raconte sa précédente étape, à Santa Cruz de la Sierra. Il voulait découvrir des cascades : pris en stop par un candidat aux élections municipales, il se retrouva à faire campagne avec lui dans les villages jusqu'au bout de la nuit. À mi-parcours, notre chauffeur ralentit à la vue d'un groupe qui s'affaire dans les fourrés. Une douzaine de Boliviens piochent la terre pour installer des boutures. « C'est ici que je m'arrête », nous dit Alexis. Il saute du véhicule et file parlementer. Son tuyau était le bon : après trois heures de labeur sous un soleil de plomb, on lui offrira le déjeuner et on l'invitera au vieux fort.

Quelques semaines plus tard, nous apprendrons qu'Alexis poursuit son aventure en Bolivie en organisant des opérations de ramassage des déchets. Il en a eu l'idée en constatant la saleté du cimetière de trains d'Uyuni. Son initiative passionnera la presse locale qui mobilisera des dizaines de volontaires, puis l'armée et la police. Il décidera de la reconduire dans d'autres lieux et fera des émules dans tout le pays. Il sera décoré par plusieurs gouverneurs et finalement reçu en fanfare à La Paz. Il est aujourd'hui connu comme « le Français qui nettoie la Bolivie ». Le système D des routards, ça mène à tout !

Si on peut faire le tour du monde avec tous les budgets, nous avons acquis la conviction que le mieux reste de varier les prix et les formules. Au bout de quatre semaines sur des paillasses, notre dos fut heureux de retrouver un vrai lit. La richesse culinaire des pays traversés s'apprécie certes dans la rue, mais rien ne remplace une bonne table. Savoir s'accorder des petits plaisirs en dépensant un peu plus que prévu est une soupape salutaire pour poursuivre l'aventure sur la longueur. Varier les formules, c'est aussi éviter de s'enfermer dans un mode de vie, avec toujours les mêmes rencontres et les mêmes expériences ; c'est aussi la limite des visites groupées qui, sans qu'on s'en rende compte, nous ferment aux rencontres imprévues. Il en va de même pour les transports, où les publics diffèrent qu'on prenne une voiture partagée, le bus ou le train. Nous avons testé, par curiosité, les cinq classes du chemin de fer indien et nous pouvons vous garantir que chacune est singulière !

Définitivement, saisir la réalité d'un pays dans sa complexité, dans ce qu'il a de beau comme dans ce qu'il a de triste, nécessite de toucher à tout, des lieux modestes fréquentés par les plus pauvres aux restos chics où l'on côtoie la jeunesse dorée. Et donc de savoir dépenser beaucoup moins comme d'autres fois savoir dépenser un peu plus.

VII

L’éternel recommencement

Malang, Indonésie, lundi 4 novembre 2019

Nous avons détesté Bali. C’est un peu rude d’écrire cela, habituellement nous rejetons ces sentences qui condamnent une destination sans la moindre nuance, mais c’est la réalité. Nos deux premiers jours sur l’île avaient pourtant bien commencé. Nous les avions vécus comme un doux week-end de plaisir après deux mois et demi au cœur d’une société indienne qui méconnaît le lâcher prise. À l’exception de l’ancien comptoir portugais de Goa et, dans une moindre mesure, de l’ancien comptoir français de Pondichéry, l’Inde n’est pas vraiment le pays de la détente. La plupart des Indiens ne flânent pas, ils marchent d’un point A à un point B. Ils ne vont pas au restaurant en famille, ce droit est dévolu aux hommes, tandis que les femmes et les enfants restent à la maison. Ils ne boivent pas de verre en terrasse, beaucoup de bars sont des bouges aux fenêtres grillagées et opaques, installés en sous-sol. Les hommes, encore eux, viennent y descendre d'une traite un whisky coupé à l'eau. Les bières ne s'achètent pas dans les supérettes mais dans des boutiques dédiées, dont déborde une cohue d'hommes, toujours eux, pressés de glisser la bouteille sous leur veste puis d'aller la vider dans une impasse. Pourquoi semblent-ils si nombreux à entretenir ce rapport de dépendance coupable à l'alcool, qui les conduit à se torcher la gueule en cachette plutôt qu'à siroter le nectar entre amis ? Il n'y a que les plus aisés qui s'en libèrent un peu, en fréquentant les établissements des quartiers chics où le service se fait à l'occidentale.

Alors forcément, quand nous débarquons en cette mi-octobre 2019 à Bali, que nous arrivons sur une plage de sable fin où s'alignent les discothèques, les tatoueurs et les salons de massage, nous retrouvons notre âme de fêtards parisiens. Nous nous laissons embarquer jusqu'au bout de la nuit, de bar en bar, nous délectant de musique pop et de vodka-tonic. Le jour est dédié au repos, nous nous prélassons au bord de la piscine, nous nous astreignons à une salade détox pour le déjeuner car nous savons que nous danserons de plus belle au retour de la lune. Le souci, c'est que passé la cuite de décontraction, Bali nous a paru ne plus rien avoir à offrir.

Il y a un demi-siècle, elle était la perle de l'Asie du Sud-Est pour une poignée de hippies idéalistes. Nous avons croisé la route de certains d'entre eux dont le voyage ne s'est jamais complètement arrêté.

Claude, enseignante à la retraite, 70 ans passés, le visage tanné par le soleil, nous a raconté sa vie de bohème sur cette île. Les rues étaient encore en terre battue, il n'y avait ni électricité ni eau courante. Elle dormait sur une paillasse chez l'habitant, passait ses journées à observer la vie des temples, exaltée par la force de l'identité balinaise, et à arpenter les rizières. Elle se sentait minuscule face à l'exceptionnel foisonnement culturel, religieux, humain qui s'offrait à ses yeux. Elle en garde un souvenir encore vif, ses yeux pétillent lorsqu'elle nous en fait le récit lors de notre rencontre sur une île de Thaïlande. Nous n'avons pas eu le courage de lui décrire ce que nous avons ressenti du Bali d'aujourd'hui.

L'île que nous avons parcourue nous a davantage fait penser à un Disneyland surfréquenté qu'à un paradis perdu. La côte est dédiée aux tour-opérateurs qui l'inondent de milliers d'Australiens dont une partie a pour seul objectif d'être saoule avant 16 heures quand ce n'est pas de peloter une jeune Balinaise qui n'a rien demandé à personne. Le « cœur culturel », Ubud et ses rizières, est le terrain de jeux des Instagrameurs pour qui le patrimoine millénaire et la nature qui l'entoure font office de décor. Seul le nord de l'île, plus isolé, résiste encore au phénomène, mais pour combien de temps ?

Ici, les prix sont imprimés sur des étiquettes. Alignés sur le pouvoir d'achat des Occidentaux, ils ne se négocient pas. Les repas sont servis à table, dans des assiettes joliment dressées, avec des couverts et une serviette. La surprise culinaire est réduite à peau de chagrin : beaucoup de cuisiniers adoucissent d'eux-mêmes les plats épicés pour ne pas brusquer les palais fragiles des Européens. Le *must do* pour un touriste est de poser devant une ruine sur un scooter Piaggio aux dernières lueurs du jour, si possible dans une chemise cintrée pour ces messieurs et dans une élégante robe à fleurs pour ces dames. Chaque détail des lieux semble devoir être marketé pour devenir photogénique. Tout est lissé pour que le visiteur vive un agréable moment d'exotisme qui corresponde précisément au fantasme qu'il s'en était fait.

Certes, les habitants profitent pour partie de cette manne touristique, mais la gentrification est telle qu'ils sont poussés à abandonner leurs maisons ancestrales de centre-ville pour se reloger en périphérie. Les commerces de quartier ont presque tous cédé la place aux boutiques de souvenirs. Les transports collectifs sont inexistants, au bénéfice de taxis privés, en guerre ouverte contre les VTC, et d'une poignée de bus touristiques où ne se côtoient que des Blancs. Face à ce tourisme rouleau-compresseur, les dégâts sur l'environnement sont frappants : sorti des « spots photo » bien achalandés, les rivières servent trop souvent de déversoir aux eaux usées des villas et les déchets plastique s'insinuent jusque dans la jungle. Même les îles Gili, où nous finissons par trouver refuge, transpirent la ségrégation : les hôtels et les restaurants pour Occidentaux occupent le rivage, tandis que ceux qui les font tourner se concentrent dans de minuscules paillotes dressées dans les terres qu'ils n'ont de cesse de reconstruire après chaque séisme. Deux générations après leur arrivée sur les plages balinaises, Claude et ses anciens compagnons soixante-huitards ont-ils conscience d'avoir ouvert la boîte de Pandore ?

Notre regard sur Bali aurait été tout autre si nous arrivions de France pour passer quinze jours de vacances. Nos attentes n'auraient pas été les mêmes. Nous aurions considéré avoir mérité de nous la couler douce après plusieurs mois de travail, l'esprit insouciant, un peu égoïste aussi. Nous nous serions satisfaits du dépaysement proposé sans en demander davantage. Et nous aurions sans aucun doute passé un bon moment. Mais là, nous arrivons d'Inde et le contraste est trop brutal. Cette Inde qui nous a bouleversés par sa violente franchise, son entièreté, où tout nous était ouvert mais où rien n'était fait pour nous. Elle nous brutalisait, nous obligeant sans cesse à nous adapter tout en nous donnant mille preuves d'amour à la minute. C'était un tourbillon improbable de sentiments et jamais cela ne s'arrêtait. Tous nos repères culturels, toute notre éducation, tout ce qui nous a été inculqué depuis notre plus tendre enfance, les rapports entre les hommes et les femmes… rien, strictement rien, n'a la même logique en Inde.

La nature humaine apprécie les rituels. Si elle blâme la routine, elle a pourtant besoin de ses petites habitudes. Il peut s'agir de se lever chaque jour à la même heure, de toujours commencer sa journée par un café noir, d'aller courir chaque samedi après-midi. Il y a l'habitude de la série télé du lundi et de la bière entre amis du vendredi soir. Il y a le repas de famille du dimanche midi, le McDo chaque lendemain de cuite. Tout cela s'est effacé dès l'instant où nous avons posé le pied en Inde. Elle nous a forcés à tout reconstruire de zéro. Nous avons mis des semaines à identifier de nouveaux repères et, après deux mois et demi à la parcourir, nous commencions juste à l'apprivoiser. Maintenant, à Bali, nous la pleurons.

Pour Pierre, cela se traduit pas un énorme coup de fatigue. Un matin, il décide de ne plus se lever. Il reste couché cinq jours entiers, n'émergeant de son coma que pour s'alimenter. Matthieu passe quant à lui son temps à marcher à la recherche de repères qui n'existaient plus : le stand de *street food* où l'on mangeait accroupi aux côtés des riverains, le marché poussiéreux où l'on négociait les produits, le vendeur de *chai* qu'on attrapait à la volée dans la rue et dont le breuvage faisait figure de drogue, les passants qui surgissaient de toutes parts pour nous faire la causette… Dans la nécessaire recherche d'un bouc émissaire, c'est à toute l'Indonésie que nous faisons le reproche de nous avoir enlevé l'Inde. Et c'est ainsi que nous nous retrouvons à détester celle que tant de vacanciers apprécient comme l'Éden. Nous avons compris à cet instant l'une des différences fondamentales entre un tour du monde et des vacances : après avoir parcouru un pays, s'y être accoutumé, l'avoir aimé, il n'y a pas de retour en France. Nous n'avons pas le temps de digérer l'aventure que nous nous jetons déjà vers une autre destination, une autre inconnue. Chaque nouveau pays atteint nous déracine ainsi du précédent.

Nous mettons une semaine à tourner la page, et d'une certaine façon à pardonner à l'Indonésie. En parvenant sur l'île de Java, nous comprenons qu'il faut aller de l'avant. La douce ville de Malang, posée sur le versant nord du volcan Bromo, nous charme d'emblée par sa simplicité. Sa jeunesse bavarde et curieuse, ses terrasses où l'on se saoule au café jusqu'à 2 heures du matin, ses quartiers pauvres redynamisés par leurs habitants à grands coups de pinceau sur les façades et sa diversité culinaire nous revigorent. À Yogyakarta, nous nous passionnons pour l'histoire et le patrimoine (les temples de Borobudur et de Prambanan en tête), accueillis comme des amis par Brey qui nous offre des *bakpia pathok*, une spécialité pâtissière de Yogya à base de fromage. Puis nous atteignons l'exubérante Jakarta, la ville qui déborde de toutes parts. Trop dense, trop labyrinthique, trop polluée, trop exposée aux catastrophes naturelles : elle est si excessive que les autorités indonésiennes ont décidé de l'abandonner à brève échéance pour bâtir de toutes pièces une nouvelle capitale. Elle semble s'en moquer et reste incontrôlable. Nous l'adorons.

Une poignée de jours plus tard, nous atteignons l'extrême opposé : l'île de Sumatra, là où la nature conserve l'avantage. C'est dans sa forêt primaire, dans la boue et sous la pluie, que nous rencontrons certains des derniers orangs-outans encore à l'état sauvage. Lorsque cet animal hors du commun se pose à quelques mètres de nous, que son regard sensible se fixe soudain dans le nôtre, la page de l'Inde est pour de bon tournée. Nous nous préparons à pleurer l'Indonésie.

VIII

« Vous êtes frères ? »

Kuala Lumpur, Malaisie,
mardi 19 novembre 2019

C'est probablement la question qui nous a été le plus souvent posée lors de notre tour du monde : « Mais comment ça se passe dans certains pays quand on est un couple gay ? » Une question qui ne nous est pas vraiment venue à l'esprit avant de partir en voyage. Mais qui nous a finalement percutés très vite. Nous nous informons évidemment sur la situation sécuritaire dans les pays que nous envisageons de découvrir. Mais nous ne nous disons jamais que notre orientation sexuelle pourrait être un frein. Néanmoins, nous sommes sensibles aux droits LGBT et, comme la démocratie, force est de reconnaître que nous vivons en Europe dans un îlot bien esseulé par rapport au reste du monde.

En l'espèce, ne soyons pas donneurs de leçon. Nous ne pouvons probablement pas demander à la planète entière d'avancer au pas de course sur toutes les questions de société. Rappelons que les femmes ne votent en France que depuis 1945 soit cinquante-deux ans après les Néo-Zélandaises.

Alors certes nous apparaissons aujourd'hui comme l'un des pays les plus avancés au monde sur les droits LGBT avec le mariage ouvert à tous en 2013. Les pays aussi progressistes sur ces questions se comptent quasiment sur les doigts d'une main. Ainsi, comme lorsqu'on dit que nous ne devrions commercer qu'avec des démocraties, il serait très limité de voyager uniquement dans les seuls pays comparables en droits LGBT à l'Occident.

Il y a néanmoins un pays où vivre son homosexualité peut devenir un enfer. Nous avons dû faire une escale technique en Malaisie. Vingt-quatre heures entre deux vols après Sumatra et avant la Birmanie. Le temps de visiter l'une de ses deux capitales, Kuala Lumpur.

Nous n'avions pas prévu de nous attarder en Malaisie. Le pays est probablement magnifique. Mais choisir c'est renoncer. Et il a fallu énormément choisir, et encore plus renoncer, pour faire entrer notre tour du monde dans la durée que nous nous étions fixée. Arrivés à l'aéroport, nous comprenons rapidement que nous avons bien fait de ne pas prévoir la Malaisie dans notre programme. Nous sommes accueillis par des affiches géantes montrant des photos de cordes de pendaison avec en légende :

« La possession et le trafic de drogue sont passibles de la peine de mort ! » Bienvenue à Kuala Lumpur !

Nous n'avons évidemment rien à nous reprocher. Nous ne sommes pas friands de ce genre de produits. Et nous n'avions pas prévu de nous lancer dans une nouvelle activité commerciale en Malaisie. Mais ce genre de formule de politesse dès notre arrivée crée un certain malaise (sans jeu de mots).

La société malaisienne est très dure non seulement sur l'usage de la drogue mais également sur les mœurs. Il existe même une double justice. Une justice civile qui traite des délits de droit commun. Et une justice religieuse qui s'occupe précisément de la morale. L'homosexualité est illégale. Elle est passible de vingt ans de prison au niveau fédéral et jusqu'à la peine de mort dans une des régions tenues par les islamistes. Il n'est pas rare que les hommes politiques soient discrédités par une rumeur les « accusant » d'être homosexuels. Le ministère de la Santé a cessé de financer les campagnes de promotion du préservatif au motif que cela encouragerait les rapports sexuels hors mariage : la situation en termes de VIH est aujourd'hui préoccupante. En 2017, un concours lancé par le gouvernement devait récompenser les meilleures vidéos de propagande contre l'homosexualité.

C'est dans ce contexte que nous arrivons dans le centre rutilant de Kuala Lumpur. Elle est la vitrine du pays. Une ville qui accueille l'Asie tout entière grâce à son aéroport, l'un des plus grands hubs du monde. Les rues grouillent malgré les fréquentes averses tropicales qui rafraîchissent les esprits, comme si l'aéroport déversait en continu un flot insaisissable de voyageurs en transit. Ce qui n'est pas loin d'être la réalité. Folle Kuala Lumpur qui malgré la mainmise de la religion héberge en son sein une boîte gay. Elle porte presque le nom d'un sketch des Inconnus. Le Blue Boy a pignon sur rue. À l'intérieur, contrairement aux bars de Kuta, en Indonésie, beaucoup de Malaisiens, des Asiatiques venus en voisins, quelques Occidentaux. Le spectacle de drag-queens est peu énergique mais il est en lui-même un manifeste.

Le travestissement est considéré comme un crime. Alors, quand un Malais décide de se rendre au Blue Boy, danse sur de la musique occidentale et qu'il applaudit un spectacle de drags, il fait de la résistance. Le mot n'est pas exagéré. Le Blue Boy pourrait bien devenir le Stonewall national. Quelques jours après notre passage, quatre hommes ont reçu six coups de bâton chacun ; condamnation prononcée par un tribunal islamique de la ville pour « relations contre nature ». Kuala Lumpur est une porte d'entrée mais fermée de l'intérieur.

Il est important de préciser que dans d'autres cultures asiatiques, l'homosexualité n'est même pas une question. Les pays de la péninsule indochinoise, par exemple, n'ont jamais légiféré à ce sujet. Alors, certes, le mariage pour tous n'existe pas, mais la stigmatisation légale n'est jamais entrée dans le Code civil. En Inde, nous avons été surpris d'apprendre que l'homosexualité n'était pas du tout abordée dans la religion. Ce sont les Anglais, en imposant leurs lois puritaines, qui introduisirent pour la première fois l'homosexualité (pour l'interdire) dans le droit. Il a fallu attendre 2018 pour qu'elle soit véritablement dépénalisée. Les homos que nous avons rencontrés nous disaient à quel point c'était un soulagement pour eux et combien cela leur a fait du bien.

Néanmoins, parler de son orientation sexuelle reste un tabou en Inde. On peut être gay à partir du moment où l'on se marie (avec une femme) et que l'on a des enfants. Le reste, « ça ne nous regarde pas ». Vous imaginez les générations frustrées que cet état de fait sociétal a pu engendrer. D'autant que fréquemment, aujourd'hui encore, on se marie jeune et sans forcément avoir choisi son partenaire.

Mais ce qui nous a le plus surpris dans le pays du *Kama-sutra*, c'est le statut des transsexuels. C'est dans un bus bondé (comme souvent) entre Agra et Khajuraho que nous avons fait la connaissance de cette tradition millénaire. Un jeune homme habillé en sari, maquillé à outrance, passe dans l'allée centrale et bénit les passagers. Les parents lui tendent leurs enfants et une poignée de roupies. Le jeune travesti impose ses mains, dit une sorte de prière et poursuit son cérémonial. Nous apprendrons que les transsexuels sont craints comme des génies. Ils portent bonheur en tant qu'individu non défini. Ils possèdent même un genre spécifique sur leurs papiers d'identité, le « troisième sexe », mais ils sont largement rejetés par la société pour ce qu'ils sont. Les transsexuels indiens n'ont pas le droit de fonder une famille et, nous le verrons, vivent le plus souvent comme la dernière des castes, en périphérie même des bidonvilles.

Malgré ce terrible destin, Ahsan, un jeune gay que nous avons rencontré à Calcutta, nous confiait qu'il préférerait être transsexuel : musulman dans un pays majoritairement hindou où le nationalisme religieux a le vent en poupe, il en vient à envier ce « troisième sexe » pourtant sans avenir.

Nous avons voulu en savoir plus sur la vie gay en Inde. Seuls les plus riches et les expats peuvent pleinement vivre leur sexualité. Habitant les villes, ne sortant dans la rue que pour prendre un taxi ou un rickshaw, ils vivent en Inde sans voir l'Inde. Les soirées se passent à l'abri des regards, sur des *rooftops* de Delhi ou le week-end au bord d'une piscine dans une villa privatisée de Goa. La plupart du temps, les noceurs ont moins de 30 ans. Passé cet âge, il faudra se marier. Il était touchant et triste à la fois d'assister à ces soirées où les barrières de la rue servent surtout à protéger ceux qui sont à l'intérieur. Au cours de ces fêtes, la musique de Bollywood leur permet de danser enfin entre garçons, sans avoir le regard réprobateur des parents et des voisins fixé sur eux.

Le cinéma indien s'ouvre d'ailleurs peu à peu aux nouveaux codes de la société. Si l'homosexualité est un tabou, c'est aussi parce qu'elle n'est jamais montrée à l'écran. Des producteurs commencent néanmoins à afficher leur orientation. Des séries sur Netflix leur emboîtent le pas. Un film fait même sensation, début 2020 : *Subh Mangaal Zyaada Savdhaan* (« Soyez très prudents avec le mariage ») sera le premier long-métrage bollywoodien à mettre en scène un couple d'hommes, quelques mois seulement après la dépénalisation de l'homosexualité. Une révolution dans un pays où envisager de vivre avec une personne du même sexe est encore largement inconcevable pour les homos eux-mêmes. D'ailleurs, il est impossible de se rencontrer sans passer par des applis de rencontre. Grindr est surtout utilisée pour nouer des relations amicales, échanger, discuter, parler de problèmes intimes plus que pour se fixer un cinq à sept discret.

Plus généralement en Asie, la discrétion est de mise en ce qui concerne les rapports entre adultes consentants. Et cela que l'on soit hétéro ou homo, *a fortiori*. On ne se tient pas par la main dans la rue. On ne s'embrasse évidemment pas. Et comme de notre côté nous partons du principe qu'il faut respecter les us et coutumes des sociétés qui nous accueillent, nous n'allons pas nous amuser à provoquer inutilement. Après tout, il est déjà rare que nous nous tenions par la main dans la rue en France.

Ainsi, lorsque nous flânons à Jaisalmer ou à Jakarta, nous n'attirons aucun regard réprobateur. C'est un des conseils que l'on peut donner à tout le monde : être en sécurité, c'est aussi, en grande partie, donner l'impression que l'on est en sécurité. Si l'on veut éviter de se faire importuner, il faut marcher le pas assuré, le regard droit. Une attitude hésitante peut vite être perçue comme de la faiblesse et vous pourriez ainsi devenir une proie facile. En marchant côte à côte, sans signe distinctif et sans vêtement trop voyant, nous n'avons jamais eu de problème d'insécurité.

Le plus « marrant », surtout en Asie, c'est que l'homosexualité n'est tellement pas une option ou si peu un problème dans certaines sociétés que l'on nous demandait si nous étions frères, avant de s'enquérir si nous étions amis, collègues, connaissances… sans jamais avoir la présence d'esprit de nous demander si nous étions en couple. Il faut dire que nous arborons un look plutôt comparable, notre taille et nos lunettes sont identiques, on pourrait facilement passer pour deux personnes de la même famille. Et puis la pudeur du Sud-Est asiatique faisant le reste, nous nous sommes habitués à répondre « oui » sans pousser plus loin dans les explications. Enfin, il faut aussi se dire qu'au Vietnam ou au Cambodge, les habitants ont l'habitude de voir passer des énergumènes comme nous, des zouzous venus d'Occident avec nos mœurs débridées et exotiques. Alors, tant que nous ne dénotons pas trop avec le reste la société, pourquoi chercher à en savoir plus ?

Une seule fois, on nous a fait comprendre que c'était peut-être mieux, plus confortable de prendre deux lits séparés plutôt qu'un grand lit. Mais l'allusion est restée sous-entendue. Ce fut le seul écart « homophobe » que nous ayons perçu de tout notre long voyage.

En Amérique latine, les sociétés étant mâtinées d'occidentalisation, le *rainbow flag* est plus présent, plus visible. Mais le poids des traditions judéo-chrétiennes est aussi beaucoup plus fort et l'homophobie plus intense également. Alors là, bien que les filles et les garçons puissent s'embrasser librement dans la rue, nous évitions, nous, de trop nous afficher. Il a fallu attendre la dernière semaine de notre périple pour croiser – enfin – des garçons main dans la main. C'était à Ipanema, la plage chic de Rio. Le lendemain, nous rentrions déjà à Paris.

IX

« Mais pourquoi voulez-vous aller à Naypyidaw ? »

Nyaung Shwe, Birmanie,
lundi 25 novembre 2019

Pour l'heure, nous sommes en Birmanie. Un pays qui a fait rêver des générations de vacanciers, de touristes et de voyageurs, depuis la campagne britannique de Mandalay jusqu'aux souvenirs, souvent émus, de la découverte des temples de Bagan en montgolfière.

De ce que nos amis nous avaient rapporté de la terre d'Aung San Suu Kyi, tout pouvait laisser imaginer un voyage époustouflant : entre les bijoux patrimoniaux, la nourriture et l'accueil, nous passerions de l'Indonésie à la Birmanie comme d'une civilisation en sommeil à une culture en plein éveil.

Premiers pas à Rangoun (renommée Yangon) et, en effet, l'ambiance est des plus amicales. Arrivés dans la soirée, un dimanche, nous entendons au loin la rumeur d'une kermesse. Nous nous installons à une table et écoutons les chanteurs qui se produisent sur une petite scène sponsorisée par la marque nationale de bière, la Myanmar. Le patron d'une gargote s'empresse de remettre son réchaud en route pour nous servir un copieux plat avec tous les restes de la journée. Il ne nous en fallait pas plus.

Mais à y regarder de plus près, nous nous rendons compte que quelque chose cloche dans la rue : les véhicules circulent à droite tout en ayant également le volant… à droite ! Curieux et dangereux : quand nous descendons du bus, on se retrouve immanquablement sur la chaussée ! Rangoun ne porte plus son nom d'antan de même que la Birmanie qui s'appelle désormais Myanmar (si nous étions naïfs, nous dirions « comme la bière »). Et puis, à notre hôtel, hormis le fait que la porte cogne contre le lit et que nous n'avons pas de fenêtre (ce à quoi nous sommes déjà bien habitués depuis notre arrivée en Asie), il n'y a que des étrangers.

Le lendemain de notre arrivée, visite de la pagode Sule posée au milieu d'un rond-point. Tout autour, des boutiques de voyants, médiums et autres astrologues. Bizarre au pays du bouddhisme triomphant. Pourquoi donner autant de place à ces augures ? Il faut vous avouer que nous ne sommes pas encore tout à fait au point sur les pratiques religieuses en Birmanie, venant de l'Inde hindouiste et de l'Indonésie islamique.

« Mais pourquoi voulez-vous aller à Naypyidaw ? »

Au détour d'une rue commerçante, enfin un peu de réconfort : le *chai* ! Cette boisson sucrée à base de thé et de lait est devenue une sorte de doudou, une douceur et un goût qui nous avaient accompagnés pendant deux mois et demi au pays de Gandhi. Une saveur difficilement imitable en France, mais toujours la même en Asie. À ceci près que, cette fois, au moment de payer, l'amertume fait surface. L'homme qui nous a servi le gobelet nous demande un prix dix fois plus élevé que ce que la tradition exige.

Nous payons une petite fortune, comprenant immédiatement l'arnaque. La suite de notre séjour en Birmanie ne sera plus qu'une succession de hauts et de bas. Et plus nous lèverons le voile sur les étrangetés de ce pays, plus nous découvririons des hommes et des femmes au destin dramatique. Bienvenue en Birmanie !

Pour bien comprendre la situation, il faut se rappeler que Rangoun/Yangon n'est plus la capitale de la Birmanie/Myanmar. Le siège du pouvoir politique a été déplacé dans des circonstances rocambolesques à Naypyidaw en 2005. Du jour au lendemain, des milliers de fonctionnaires d'État ont été priés de quitter Rangoun pour rejoindre leurs nouveaux quartiers dans une région inconnue au centre du pays.

Nous l'avons visitée, cette ville. En dehors de tout circuit touristique, elle ne fait absolument pas partie des passages obligés des touristes qui ne visitent de la Birmanie que le triangle bien balisé de Rangoun, Bagan et Mandalay avec, parfois, un passage par le lac Inle. « Mais pourquoi voulez-vous aller à Naypyidaw ? », nous demande-t-on avec insistance. « Eh bien parce que c'est votre capitale », répondons-nous avec circonspection. Rien, en effet, n'est fait pour se rendre facilement dans cette « ville des rois » – la signification de Naypyidaw.

D'ailleurs, nous nous demandons si les Birmans savent eux-mêmes comment se rendre dans cette ville. La construction de la nouvelle capitale au début des années 2000 est restée secrète jusqu'au bout ; jusqu'à ce que les premiers fonctionnaires aient été sommés de la rejoindre au pas de course.

Nous prenons alors le train, vieil héritage de l'Empire britannique. Les rames ont probablement connu la reine Victoria. Les rails ne doivent plus être entretenus depuis l'adolescence d'Elizabeth II. Nous arrivons à une gare aussi petite que celle de Bailleau-le-Pin. On est loin des fastes d'une capitale. Au-delà de la petite place comparable à celle d'un village eurélien s'ouvre un immense espace vide : Naypyidaw !

Des avenues partent dans tous les sens pour n'aboutir nulle part. Les parcelles qui devaient accueillir des bâtiments, infrastructures, habitations, sont peuplées de vaches. Des trottoirs larges ne sont foulés par aucun promeneur. Et nous arrivons ainsi à notre hôtel situé dans le bien nommé « quartier des hôtels ». Il s'agit en fait d'énormes blocs, tous plus imposants les uns que les autres avec fontaines, effets de lumières et noms flatteurs. Nous aboutissons au Vegas Hotel. Posé dans un pré, il doit être l'un des fleurons de cette ville-modèle fermée aux Birmans non-fonctionnaires jusqu'en 2015.

Il compte plus de deux cents chambres. Mais elles sont étrangement toutes occupées quand nous demandons à changer pour des raisons de lits jumeaux qui auraient dû être un unique grand lit. Nous pensons à une blague. Nous regardons avec démonstration autour de nous : il n'y a évidemment aucun voyageur ou congressiste dans les parages : « Vous êtes sûr qu'il n'y a absolument plus aucune chambre double ? »

Le concierge fait mine de chercher sur son ordinateur aussi moderne qu'un Minitel et ressort sa tête de derrière le comptoir avec la mine réjouie : « Si ! J'ai trouvé une chambre ! » Bah tiens !

Le lendemain, impossible de faire un tour en ville seuls. Évidemment, sur une superficie soixante-sept fois plus grande que Paris et sans transport en commun, il nous faut, *a minima*, des vélos voire un scooter. Bien que Pierre ait son permis de conduire, il n'a jamais manœuvré de motos de sa vie. Nous nous lançons alors dans une leçon chronométrée de trente secondes afin d'apprendre les rudiments de la conduite d'un deux-roues sur le parking de l'hôtel. Mais très rapidement, les employés décrètent que nous ne savons pas conduire et trouvent un moyen rassurant (pour eux) de nous laisser partir à l'aventure : nous aurons un chauffeur. Pas tellement notre style, mais nous comprenons que nous n'aurons pas le choix.

Nous voilà ainsi juchés à trois sur une petite moto chinoise à la découverte de cette ville fantôme. Des kilomètres d'autoroutes vides. Un peu l'image que l'on se fait de Pyongyang, en Corée du Nord. Le totalitarisme débridé à l'état pur. Des ministères aux noms évocateurs s'alignent sur le bas-côté : ministère de l'Électricité et de l'Énergie, ministère de la Planification et des Finances… Nous dépassons un golf, péché mignon de l'ancien chef de l'État, Than Shwe.

Nous arrivons sur une colline aussi artificielle que la ville. Car, oui, il a fallu non seulement construire une capitale au milieu de nulle part, mais aussi déboiser des milliers d'hectares de forêts et édifier un monticule servant de piédestal à la pagode Uppatasanti, réplique grossière et clinquante de la sublime pagode Shwedagon de Rangoun. Tout y sonne affreusement faux.

L'autre attraction de la ville est le Parlement bordé d'une deux fois dix voies ! Le but n'est pas de décongestionner la ville (il n'y a personne), mais de pouvoir faire atterrir un avion en cas d'urgence… ou de coup d'État. Quelques mois plus tard, en février 2021, les militaires ont sifflé la fin de la récréation : c'est dans ce Parlement de Naypyidaw, devenu souricière, qu'Aung San Suu

Kyi et ses partisans ont été arrêtés. Il n'y avait aucune échappatoire dans cette ville facilement maîtrisable par une armée. En cette matinée de novembre 2019, la capitale semble calme. Ce n'est qu'une apparence. À mesure que nous approchons du Parlement, nous sentons notre chauffeur beaucoup plus tendu. Il regarde plusieurs fois à droite, à gauche, ralentit, repart, nous dit que l'on va faire un stop plus loin mais pas tout de suite, pas là.

Nous nous arrêtons enfin au bord de route. Pourquoi là ? Nous ne savons pas. Le chauffeur semble sûr de lui mais nous presse : « Allez de l'autre côté. Contre le grillage. Vous verrez le Parlement ! » Nous traversons tranquillement l'avenue vide. Nous sautons un petit fossé et nous nous retrouvons en effet le nez collé à un grillage. Face à nous, un vaste jardin arboré surplombé par l'immense bâtiment officiel. Il n'est pas trop moche mais est massif afin de rappeler le poids du pouvoir : le Parlement birman n'est pas accessible au commun des mortels. Nous sommes relégués à plusieurs dizaines de mètres et nous sentons que nous ne pouvons pas non plus rester trop longtemps dans le coin. Le temps de prendre une photo et notre guide nous rappelle de l'autre côté de la chaussée. Il est déjà à cheval sur sa moto, prêt à repartir. De qui a-t-il peur ?

C'est alors que nous nous rendons compte de cet étrange manège. Des hommes en chapeau, le look des espions dans *Tintin*, se « baladent » sur les trottoirs. Nous en avions repéré un, tout à l'heure, sur l'esplanade de la pagode, plus préoccupé par nos pas que par l'architecture du lieu. Nous sommes surveillés. Sensation d'étouffement dans la ville la moins dense au monde.

Maintenant que vous avez le décor, nous vous devons des explications. Tout, absolument tout, en Birmanie, est réfléchi, planifié, décidé par l'astrologie. D'où les boutiques de cartomanciens autour des temples. Il en est ainsi de la construction de Naypyidaw : l'astrologue du militaire suprême du début des années 2000 lui avait conseillé de changer immédiatement de capitale car les astres prévoyaient la destruction de Rangoun par les Américains venus de la mer après leur invasion de l'Irak. Il n'y aura évidemment aucune attaque même si la Birmanie sera désignée quelques années plus tard comme « avant-poste de la tyrannie » par l'administration Bush.

Même procédé en ce qui concerne le changement de côté sur les routes : c'est parce que le médium du chef de l'État lui a conseillé de rouler du jour au lendemain à droite que le pays tout entier s'est retrouvé avec des volants mal adaptés au nouveau sens de circulation. Rouler à droite aurait empêché les communistes (qui arrivent par la gauche, c'est bien connu) de prendre le pouvoir dans le pays. Et ainsi pour tous les actes civils et notariés : tout passe par l'astrologie.

Mais ceci n'explique pas les changements d'attitude des Birmans envers nous au cours d'une même journée. Pourquoi nous menacer d'appeler la police parce qu'on conteste un prix le matin et nous accueillir à bras ouverts dans un temple bouddhiste le soir ? Pourquoi être les seuls à devoir changer de place pour laisser un moine s'asseoir dans un bus alors qu'un autre passera des heures à nous parler de son amour pour la France ?

Nous le comprendrons à travers cette rencontre. Comme nous vous le disions en introduction, la Birmanie reste un pays à part dans ses rapports aux autres, en particulier aux Occidentaux qui arrivent à sortir des circuits touristiques imposés. Nous visitons le lac Inle. Superbe plan d'eau peu profond mais en danger : la jacinthe d'eau prolifère et met en péril l'existence même du lac. Chaque pêcheur est aujourd'hui obligé d'arracher ces plantes qui étouffent l'écosystème et donc les poissons. Or la pêche est une denrée indispensable à l'économie locale et une attraction : c'est sur ce lac que nous voyons ces acrobates naviguant d'un pied et pêchant de l'autre.

Si l'on contourne le lac en s'aventurant sur les hauteurs, on tombe sur un incroyable domaine viticole : nous admirerons un coucher de soleil en dégustant des vins du lac Inle, pas extraordinaires mais forcément bons puisqu'il s'agit des premiers que nous buvons depuis des mois. Le retour à vélo à la nuit tombée sera un peu plus périlleux…

Nous sommes très bien accueillis au lac Inle. On y mange bien. Et nous arrivons devant un monastère planqué à l'écart, sur la rive. Il apparaît en bien piteux état. Et, surtout, il semble fermé. C'est au moment de repartir qu'une porte s'ouvre : « Venez, venez ! Entrez ! »

Un vieil homme sort sa tête et son large sourire illumine notre visage. Il s'agit d'un moine. Le seul. Le dernier de tout le monastère d'Ywa Thit à Nyaung Shwe. Il a 80 ans et vit ici depuis près de soixante ans ! Il est le gardien du lieu et de sa mémoire. Il nous fait entrer dans la vaste salle de prière située à l'étage du bâtiment construit sur pilotis. Des peintures et des statues dorées du bouddha. Rien de superficiel. Et il nous invite à nous asseoir sur des coussins.

Il sort d'on ne sait où une boîte en métal contenant des biscuits et nous les propose pour accompagner un thé chaud. Il nous explique que nous sommes ses premiers visiteurs depuis dix ans. Et puis vient le moment de nous demander d'où nous venons. Jusqu'à présent, les rares mots échangés n'ont été qu'un mélange d'anglais et de quelques notions, relatives, de birman. À l'évocation de la France et de Paris, ses yeux prennent un éclat particulier. Et voilà que le vieil homme se met à énoncer tous les présidents de la Ve République, Emmanuel Macron en premier, jusqu'au général de Gaulle qu'il associe à la Résistance, au Concorde, à l'aéroport et à la place de l'Étoile. Puis viennent les artistes, Brigitte Bardot et Catherine Deneuve en tête. Enfin des villes : Lyon, Marseille, Bordeaux, Toulouse… Une véritable encyclopédie.

« Mais pourquoi voulez-vous aller à Naypyidaw ? »

Ravis à l'évocation de ces noms si familiers, nous lui demandons comment il connaît autant de détails sur la France : « C'est grâce à *Paris Match* et à la radio quand autrefois j'allais à Rangoun ! » Le pouvoir sans frontières des médias. Il veut que nous fassions un selfie. Puis une photo portrait de lui que nous devrons lui envoyer développée. Un dernier gâteau : « Prenez la boîte ! » Et nous nous quittons.

Ce moine n'est pas birman. Le lac Inle n'est pas birman. Nous sommes ici en terre shan. Chaque minorité du pays a donné son nom à la province historique qu'elle occupe. Les Shan sont une de ces composantes minoritaires tout comme les Karen ou les Môn. Et voilà la différence fondamentale de traitement. Voilà l'explication à ces sautes d'humeur quotidiennes. Voilà pourquoi nous sommes choqués quand certains restos nous refusent ou nous donnent des portions beaucoup plus chiches qu'aux tables voisines.

Les Birmans, l'ethnie qui a donné son nom au pays, représentent la moitié de la population du pays. Les minorités représentent donc l'autre moitié. Les Birmans accusent en cette fin 2019 les Occidentaux de vouloir les ruiner : depuis quelques mois, en effet, l'Amérique du Nord et l'Europe ont lourdement sanctionné le Myanmar après avoir découvert le génocide en cours contre la minorité musulmane des Rohingyas. D'où ce racisme palpable, envers nous, depuis notre arrivée.

À Rangoun, au-delà de l'arnaque touristique classique, nous faisons l'expérience de l'agressivité d'une partie des Birmans. Alors que nous nous sommes entendus sur le prix d'un repas, au moment de payer, la patronne du stand de bouffe nous en demande plus ! Hors de question : en l'absence de tarif affiché sur les menus – nous ne verrons aucune carte de restaurant avec des prix –, la parole donnée est sacrée. Ni une ni deux : la dame patronnesse nous prend en photo avec son téléphone portable et appelle la police. Tout cela assorti d'insultes que nous ne pouvons pas saisir mais, dans ce genre de situation, l'intonation vaut plus que quelques noms d'oiseaux.

Nous prenons à témoin un client coréen qui, par chance, parle birman et anglais. Il demande des explications plus approfondies à la patronne qui lui explique avec force gestes exagérés que nous sommes des voleurs parce que nous ne voulons pas payer ! Ce n'est pas que nous ne voulons pas payer, c'est juste que nous souhaitons payer le prix convenu ! Face aux réelles menaces de la femme, nous décidons de nous acquitter des quelques kyats supplémentaires ; le prix à payer pour éviter les geôles birmanes.

Nous apprendrons vite à connaître par cœur l'expression : « Vous êtes Français donc vous devez payer plus cher ! »

Ce que nous découvrons, c'est que non seulement les Occidentaux sont soumis à une double tarification sur tout – restaurant, hôtel, train, bus, visites, timbres – mais aussi que les minorités résidant au Myanmar ne sont pas pour autant considérées comme des citoyens à part entière. Ce que la plupart des voyageurs de passage ne peuvent pas se représenter car, ne serait-ce que dans les hôtels, on ne peut croiser que des étrangers et des propriétaires favorables au régime. En effet, pour pouvoir accueillir des Occidentaux dans son établissement, un directeur d'hôtel doit payer une licence extrêmement chère. Double effet : seuls les propriétaires favorables au régime peuvent obtenir cette licence mais, pour rembourser son coût, ils sont obligés de pratiquer des tarifs prohibitifs.

C'est ainsi qu'une certaine connivence entre nous, *backpackers* occidentaux, et les minorités se met en place. Chaque belle rencontre se fera avec une personne issue d'une minorité. Comme cette famille absolument sympathique chez qui nous avons logé à Pa-An, en pays karen, ou cette autre, juive, qui nous fit visiter l'émouvante synagogue de Rangoun, située en plein quartier chinois. Son histoire récente nous a immédiatement rappelé le destin de la petite synagogue de Fort Cochin en Inde. Dans cette ancienne cité hollandaise, la Paradesi fait figure de résistante. Minuscule, elle a vu passer des générations entières de familles juives à l'origine persécutées au Portugal ou en Espagne et qui trouvèrent refuge dans ce port du Kerala dès 1568. Aujourd'hui, les juifs de Fort Cochin ne sont plus assez nombreux pour célébrer dignement leur culte dans leur synagogue, la plus ancienne du Commonwealth. Reprenant la mer comme leurs ancêtres, la plupart des juifs d'Inde rejoignent désormais Israël, la Terre promise. Mais la rencontre qui nous a le plus bouleversés, c'est celle avec ce pauvre gars croisé lors d'une fête, sorte de tournée des plages de la Star Ac' locale, et qui nous racontera, les larmes aux yeux, sa vie de non-Birman en Birmanie.

Ce garçon nous a montré sa baraque, il n'y a pas d'autres mots, faite de planches de bois au fond du jardin de la maison familiale. Sa mère est malade et handicapée. Il n'a pas pu finir ses études : il doit bosser, laissant ses camarades à l'école quand lui doit subvenir aux besoins de sa famille. Sans avenir, il est condamné à la double peine : il est issu d'une minorité dans une région dirigée par les Birmans.

Htat vit à Maungmagan, une plage paradisiaque sur la mer d'Andaman où les enfants jouent au foot sur le sable et où les pêcheurs accostent chaque matin et chaque soir avec leurs bateaux remplis de poissons. Maungmagan a tout pour devenir une ville balnéaire. Elle est située à quelques kilomètres de la capitale régionale Tavoy – ex-Dawei –, protégée d'elle par une colline. Mais le malheur de Maungmagan est de ne pas être birmane. La région tout entière a été plusieurs fois découpée – « Diviser pour mieux régner » – et même isolée jusque très récemment : nous sommes parmi les premiers étrangers à poser un pied sur ce sable blanc.

« Mais pourquoi voulez-vous aller à Naypyidaw ? »

Les larmes de Htat nous fendent le cœur. Ses copains sont là, rient nerveusement mais, au fond, partagent sa peine. Eux, en creux, espèrent pouvoir finir leurs études et se sortir de là… À son drame social et familial s'ajoute la honte : « Comment vais-je faire pour trouver une copine sans argent ? Et, plus tard, une femme ? Pourtant, je suis fort en foot ! Ça devrait plaire aux filles ! » Il nous parle alors de la difficulté dans le pays de construire une famille : l'homme doit avoir de l'argent pour assurer son rôle de chef de famille et offrir une maison à sa femme et ses enfants. Il faut se marier tôt, car les jeunes filles convolent vite loin de la campagne. La pression exercée sur les épaules des jeunes garçons est énorme dès la sortie de l'école, alors qu'ils sont à peine entrés dans l'âge adulte et que l'enfance s'achève brutalement.

Les adieux se font déchirants : il ne veut pas que l'on reparte de chez lui. Il nous ajoute sur les réseaux sociaux. Au loin, *What Is Love* résonne comme aux plus belles heures des années 1990. Le lendemain, le jeune homme nous aura supprimés de ses amis Facebook. Honte de s'être confié aussi ouvertement à des inconnus ? Nous ne le reverrons jamais.

Toutes les minorités ne sont pas logées à la même enseigne. Les Andins, majoritaires en Bolivie mais longtemps considérés comme des sous-citoyens, ont réussi le coup démocratique le plus retentissant de ces dernières années en Amérique latine : porter au pouvoir l'un des leurs, Evo Morales. En treize ans, il a redonné confiance aux habitants de l'Altiplano, construisant des routes magnifiques, utiles et fréquentées. Les infrastructures se sont développées à l'image des téléphériques de La Paz qui désenclavent la plupart des quartiers de la ville et la relient à l'énorme El Alto.

Évidemment, ce changement de paradigme dans un pays depuis toujours dirigé par les non-Indiens n'est pas du goût de l'ancienne force dirigeante hispanique. Les minorités peuvent être majoritaires. Charges à elles de s'organiser pour retourner le cours de l'Histoire.

En Birmanie, les humiliations, les répressions et les coups de force n'aident pas. Les minorités sont divisées ethniquement et le sens de leurs stratégies évolue. Les Karen sont régulièrement pourchassés jusqu'à la frontière thaïlandaise. Nous en rencontrerons, d'ailleurs, dans le royaume thaï, avec ce même sens de l'accueil et de l'hospitalité que nous leur connaissons.

Le manque criant de services publics dans le sud de la Birmanie est désespérant. La volonté de faire crever des régions est patente. Des villes qui furent superbes périclitent à vue d'œil à l'image de Mawlamyine (ex-Moulmein) qui aurait bien besoin d'un Stéphane Bern local pour sauver son patrimoine en danger.

« Mais pourquoi voulez-vous aller à Naypyidaw ? »

Poussés par le grand vide social, nous quittons la Birmanie avec une semaine d'avance sur notre programme initial. À Myeik – ex-Mergui –, nous photographions les allées et venues des habitants. C'est seulement quelques jours plus tard, au moment de retoucher les clichés, que nous découvrons, effarés, leur visage fermé, éteint, triste.

Trois Allemandes prennent place dans le même bus que nous en direction de la Thaïlande : « Nous aussi nous partons plus tôt que prévu. La Birmanie, c'est vraiment une ambiance bizarre. » Nous ne sommes pas les seuls à avoir eu ce sentiment en cette fin 2019. Les grands panneaux célébrant Aung San Suu Kyi ont un goût amer : plus la région est peuplée de minorités, plus les affiches de propagande se font démesurées. Aung San Suu Kyi, la Dame de Rangoun, Prix Nobel de la paix, ne lèvera pas le petit doigt pour sauver les Rohingyas.

Pierre fera remarquer cette dérive à un jeune Birman rencontré dans un bar de Phnom Penh, en février 2020. L'homme, jusque-là plutôt affable, se lèvera alors d'un bond, le visage injecté de sang, les poings serrés, traitant Pierre de « putain de terroriste musulman » parce qu'il avait osé émettre un doute sur la manière dont les Birmans traitaient la minorité des Rohingyas. Le Birman sera viré du bar sans ménagement par les serveurs. Il nous avait confié auparavant que, de toute manière, les Birmans étaient « le peuple le plus développé et le plus intelligent du monde ». Venant d'un gars qui avait fait ses études à New York et avait déjà bien voyagé, nous en étions restés sans voix.

C'est alors que les derniers mystères de la Birmanie se dévoilent. Le poids énorme de la religion bouddhiste chez le peuple birman. Son rôle de ciment est indéniable, elle dirige tout grâce aux devins, elle impose qu'un non-Birman laisse systématiquement sa place dans le bus aux moines et elle interdit les mariages avec un partenaire d'une autre confession. Aung San Suu Kyi en a fait les frais : mariée à un Anglais non bouddhiste, elle fut empêchée de prétendre à la présidence du pays à cause de cela.

Son parti n'est pas en reste puisqu'il a exclu tout représentant musulman de ses rangs aux élections législatives de 2015. Nous nous souvenons alors de ce patron de gargote, à notre arrivée à Rangoun, qui s'empressa de rouvrir son gaz pour nous cuisiner un bon petit plat : il était musulman.

Un an plus tard, Aung San Suu Kyi fut arrêtée laissant d'autant plus libre cours à la junte pour réprimer les minorités.

X

« Non, pas vous ! Eux ! »

Kawthaung, Birmanie,
samedi 7 décembre 2019

Une capote en plastique noire en guise de toit. Une barque en bois battant sur les flots. Douze passagers, le double de ballots et nos gros sacs de voyage. Nous manquons de chavirer. Nous nous tenons à tout ce que nous pouvons tout en scrutant le marin à l'avant de l'embarcation. Nous distinguons dans son regard un mélange d'inquiétude et de résignation. Il faut passer cette frontière. Mais à quel prix ?

Après trois semaines de pérégrination en Birmanie, nous voilà au bout de nos peines. Ou presque. Jusqu'à notre départ, ce pays aussi fascinant que déroutant nous aura joué de drôles de tours. Des échauffourées ont poussé l'armée birmane à harceler des groupes de résistance karen jusqu'aux confins de la Thaïlande. Et c'est précisément là, à Kawthaung, à la frontière entre la

Birmanie et l'ancien royaume de Siam, que nous nous trouvons en ce petit matin de décembre, ballottés par les flots à l'embouchure du Kraburi.

Les eaux du fleuve se mêlent désormais aux ondes maritimes. Nous sommes embarqués dans cet esquif de fortune, cachés des douaniers autant que protégés des embruns. Soudain, surgi de la brume, un bouddha géant en or attire nos regards. Telle la statue de la Liberté du port de New York, le colosse est posé sur un piédestal au milieu des eaux. Il semble à la fois saluer les naufragés et mettre en garde les clandestins.

Une chaloupe de garde-côtes s'approche. Nous décapotons notre embarcation tout en préparant nos papiers d'identité : « Pas vous ! Eux ! » Pour la première fois en trois semaines, ce sont les Birmans qui doivent justifier de leur état. Durant les trois semaines précédentes, c'était nous que l'on réveillait à 3 heures du matin dans des bus bondés pour présenter nos passeports aux policiers. Durant les trois semaines de notre périple en Birmanie, c'était nous les intrus car nous ne voyagions pas toujours sur les sentiers balisés par l'État.

Mais au milieu de ce *no man's land* aqueux, l'inversion des valeurs est en marche. Le royaume de Thaïlande protège des frontières maintes fois mises à mal par des incursions militaires birmanes, des passages clandestins de réfugiés ou d'agents des services secrets et par des minorités opprimées demandant l'asile. Nous, dans ce bouillon de tensions transnationales, sommes le cadet des soucis des gardes-frontières. D'autant plus que les Thaïlandais ont l'habitude de voir des touristes et, mieux, encouragent et favorisent leur venue sur leur territoire.

Les contrôles effectués, nous arrivons sur la rive, côté thaïlandais, dans la province de Ranong. Un long bâtiment en bois posé sur pilotis se présente face à nous. Et comme avec les policiers au premier contrôle en pleine mer, ce même réflexe – sortir nos passeports – et ce même ordre de notre passeur : « Non ! Pas vous ! Eux ! » Nos compagnons d'infortune, dont de pauvres femmes et leurs enfants agrippés à leurs jupes, descendent tant bien que mal pendant que nous restons seuls dans notre barque. Le poste-frontière est blindé. Ça aurait pu être la cohue : c'est le calme de la résignation qui y règne.

Nous posons enfin pied à terre (ou plutôt sur des planches) et nous tangons encore quelques minutes avant de retrouver l'équilibre. Le bureau consacré aux « autres » (c'est-à-dire aux non-Birmans) est désert. Immense mais vide. Il est vrai que peu d'étrangers sont susceptibles de passer la frontière ici, surtout dans ces conditions. C'est nous qui devons toquer à un guichet fermé pour qu'un policier en casquette à larges rebords nous ouvre sa trappe, nous demande si nous sommes touristes, nous tamponne nos passeports et referme aussitôt son écoutille. Nous voici en Thaïlande !

En Europe, on a perdu l'habitude de franchir les frontières. On passe de la France à l'Espagne comme on passe du Calvados à la Seine-Maritime. On en a aussi oublié l'exceptionnel que constitue, sur tout un continent, cette absence de barrière physique. Partout ailleurs dans le monde, les États se protègent de leurs voisins. On pourrait parler de méfiance, mais ce serait encore une fois nier notre chance de vivre sur le territoire le plus prospère du monde.

Finalement, nous n'avons jamais rencontré de grandes difficultés pour passer d'un pays à un autre. Être Français nous facilite pas mal les démarches : notre passeport étant l'un de ceux qui permettent de voyager le plus aisément sur tous les territoires. Il faut néanmoins respecter les règles… Et demander son visa dans les temps.

Nous nous retrouvons mi-février 2020 à Kampot, à l'extrême sud du Cambodge, au pied du Bokor. Le bourg est connu pour son poivre et pour sa douceur de vivre, si bien que les Français y ont établi depuis bien longtemps leur camp de base. Le centre garde son architecture coloniale typique mais aussi un je-ne-sais-quoi de très tricolore : on prend son café en terrasse, on se délecte de sandwiches et de croque-monsieur, on flâne. Des retraités semi-divorcés viennent y tenter leur chance à la fois auprès des jeunes Cambodgiennes et des investisseurs locaux.

Nous nous amusons à écouter les conversations entre expatriés attirés par le côté isolé de la petite ville et l'exotisme du climat. Des quinquas se racontent leurs déboires amoureux comme des ados le feraient sur les bancs à la sortie du collège. Ici, c'est autour d'une anisette que Francis demande à Roland comment reconquérir sa compagne : « Je ne comprends pas, je lui offre des fleurs mais elle reste dormir chez ses parents… » Précisons que ces hommes sont obligés de faire avec les sautes d'humeur de leurs épouses : les étrangers ne pouvant pas être propriétaires, il est indispensable pour eux d'avoir un prête-nom local pour monter une affaire.

C'est dans cette ambiance que nous devions terminer notre séjour au Cambodge avant de franchir la frontière située à 50 kilomètres de là. C'était compter sans la confiance trop grande que nous avions placée depuis quelque temps dans les secrétariats à l'immigration. D'une efficacité redoutable, ils nous délivraient nos visas de manière, pour ainsi dire, automatique. Au Vietnam, sachez-le, il y a de vrais fonctionnaires derrière leurs ordinateurs qui relisent et valident les demandes d'entrée. Nous étions jeudi, nous avons dû patienter tout le week-end pour qu'au final notre dossier soit instruit le lundi et validé le mardi soir. Nous sommes donc partis le mercredi au lieu du vendredi précédent.

Soit dix jours à attendre à Kampot. On a eu le temps d'y goûter, au poivre !

Mais c'est aussi cela l'avantage des voyages au long cours : le temps est, au mieux, extensible, au pire, malléable. Cette assignation forcée nous a permis de tester quatre hébergements différents, d'entrer dans une forme de routine pas désagréable avec notre petit-déjeuner tous les matins sur la terrasse de la pension/café/restaurant et de vivre à l'heure cambodgienne postcoloniale française et précoloniale chinoise…

Le passage de frontière en tant que tel fut un peu moins calme. Le chauffeur du mini-van nous transportant de Kampot au poste frontalier ne respecte pas son contrat et, au lieu de nous déposer à la première gare routière du Vietnam, préfère nous déposer devant une agence de transport, espérant une commission si nous prenons un bus là. D'agressif, le ton monte vite lorsque le conducteur peu consciencieux décide de jeter au sol les bagages d'un couple de jeunes Français qui voyagent avec nous. Néanmoins, ayant, par expérience, l'assurance que s'énerver n'arrange rien en Asie, nous préférons finir à pied les quatre derniers kilomètres qui nous séparent de la gare routière.

En arrivant au Cambodge, un mois plus tôt, nous avions connu une situation beaucoup plus critique. Nous venons des « 4 000 îles », un archipel sublime au milieu du Mékong qui fait la frontière entre le sud du Laos et le nord du Cambodge. Nous optons pour l'unique solution viable afin de rejoindre notre prochaine destination : payer une compagnie spécialisée dans le passage de frontière avec bateau et bus compris. Sauf que là encore, nous nous reposons trop sur nos lauriers. Le Laos reste pour nous la plus belle surprise de ce tour du monde. Ne connaissant aucune difficulté, nous n'aurions jamais pu imaginer qu'il existât une entreprise malhonnête dans le pays. Toujours se méfier des régions frontalières : ce n'est plus vraiment le pays que l'on quitte, ce n'est pas encore totalement le pays où l'on arrive. Pour une fois, nous aurions dû regarder les avis sur Google. Nous tombons sur la compagnie la moins fiable du coin…

Parvenus à la frontière laotienne, nous nous retrouvons dans un vaste espace désertique. C'est d'ailleurs l'unique point commun des zones frontalières : on franchit d'abord le barrage du pays en partance puis on doit parcourir plusieurs centaines de mètres à pied avant de rejoindre la barrière du pays où l'on doit se rendre.

Cette zone tampon est toujours mystérieuse. Comme si nous étions au milieu du triangle des Bermudes, nous avons l'impression de n'apparaître sur aucun radar, sur aucune carte. Nous pourrions disparaître, personne ne nous retrouverait. Nous pourrions nous blesser, on ignore qui interviendrait. La végétation sur les bas-côtés est toujours folle : ici, on ignore qui est responsable de l'élagage. La piste est d'ailleurs elle-même toujours mal entretenue afin, peut-être, d'obliger les véhicules à ralentir.

Nous nous retrouvons donc au milieu de deux mondes. Notre mini-van a déjà rebroussé chemin en nous assurant que son collègue cambodgien va venir nous chercher de l'autre côté de la frontière. Nous atteignons enfin la barrière sous une chaleur sèche et rude : la frontière n'est pas uniquement géographique, elle est avant tout climatique.

Sans faire de philosophie de comptoir, une frontière est un passage vers l'inconnu. Souvent, quand on doit sauter le pas, on se retrouve seul. Et nous sommes bel et bien seuls entre ces deux pays. Personne ne veut nous prendre dans son van. Nous avons pourtant plusieurs dizaines de kilomètres à parcourir avant d'atteindre notre première destination, Stoeng Treng, peut-être pas suffisamment intéressante pour les chauffeurs qui proposent des trajets plus longs – et plus coûteux – vers Phnom Penh ou Angkor.

Des wagons entiers de voyageurs cambodgiens partent. Nous montons à notre tour dans un minibus avant qu'on nous mette dehors : « Ce n'est pas votre compagnie ! » Mais quelle est notre compagnie ? Nous sommes abandonnés. Dans ces cas-là, il ne faut jamais paniquer. Il y a toujours une solution, souvent inattendue. Et en Asie, inutile de se poser trop de questions. Après plusieurs heures d'attente, les autres voyageurs étant tous partis, un chauffeur nous appelle, nous dit d'embarquer avec lui sans nous réclamer le moindre supplément et nous conduit en VIP jusqu'à notre destination. Nous ne nous attarderons pas et ne demanderons pas d'autres explications : en tour du monde, seule l'arrivée à bon port compte.

Ne pas paniquer non plus quand les explications semblent plus confuses. Surtout en période de pandémie. Et surtout en Amérique latine. En ce début de mars 2021, la seule possibilité pour rejoindre le Paraguay depuis la Bolivie est de passer par un poste-frontière située à 450 kilomètres au sud de la capitale économique du pays, Santa Cruz de la Sierra. Sur Google Maps, on ne distingue qu'un mince trait jaune donnant l'impression d'un chemin en terre battue, mais il s'agit bien de la route conduisant à la frontière. En réalité une longue et large piste en ligne droite jalonnée de postes militaires.

Dernière ville avant la frontière, Villamontes est un gros bourg moche. Un hôtel à la gare routière d'où l'on ressort plus sale de la douche (commune) qu'en y entrant. Aucun bus ne dessert alors la frontière. Nous dégotons une compagnie de *colectivos* à côté de l'énorme marché couvert de la ville : « Venez demain matin dès 5 heures. On partira quand le véhicule sera plein ! » Nous faisons le pari que le véhicule ne sera pas plein avant 8 heures : il n'y a aucun touriste et un Bolivien qui voudrait se rendre à la frontière irait avec son propre pick-up.

Pari gagnant : à 8 heures, toujours personne. Nous ne prendrons la route qu'à 10 heures. Une centaine de kilomètres plus loin, nous ne sommes plus que trois dans le van, chauffeur compris. Le poste-frontière côté bolivien se passe sans problème : une rapide vérification des sacs. S'ensuivent le traditionnel *no man's land* puis le poste-frontière paraguayen. On semble em… les agents, bien tranquilles en général dans leur planque. Malheureusement pour eux, après ce passage de frontière, nous donnerons le bon plan à plusieurs voyageurs français qui feront le trajet dans un sens et dans l'autre. Au bout du dixième compatriote à déranger ces fonctionnaires, les agents commenceront à leur demander : « Mais pourquoi autant de Français veulent passer ici ? » Et à menacer : « On vous tamponne le passeport mais ne restez pas trop longtemps dans notre pays ! » On se sent tout de suite bien accueilli…

La suite est plus rock'n'roll. Ou plus *roots*. Il faut faire du stop. Pas le choix : dès le passage de la barrière paraguayenne, nous plongeons dans le désert du Chaco. Pas une agglomération avant 300 kilomètres. Seuls les routiers transnationaux passent par là. Il faut donc attendre un semi-remorque. Nous les distinguons à l'horizon, ces gros camions. Mais irrémédiablement, ils s'arrêtent avant la frontière pour déjeuner. L'heure de manger, c'est sacré pour les routiers. Heureusement, ils n'ont pas uniquement ce trait de caractère dans leurs gènes : ils sont aussi sympas. Le premier à se présenter devant nous a un look tout à fait familier puisqu'il porte un maillot du LOSC. Il ne comprend pas pourquoi et comment on s'est retrouvé ici mais il accepte sans hésiter de nous prendre dans sa cabine. Petite info si vous n'êtes jamais monté dans un camion-citerne : les fauteuils ne sont pas du tout confortables ! En tout cas, après 300 kilomètres de route, nous sommes bien contents de nous dégourdir les jambes et de faire craquer notre dos.

Le trajet est pourtant loin d'être terminé : notre routier doit s'arrêter pour une durée indéterminée aux douanes de Mariscal Estigarribia, à 80 kilomètres de Filadelfia, la première ville où nous pourrons trouver un hébergement. Nous nous postons au bord de la route et nous voici à faire de nouveau du stop. Cette fois, difficile de convaincre un camionneur car ils sont déjà tous stoppés pour contrôle et aucun ne semble pressé de repartir. C'est finalement un pick-up conduit par un mennonite au fort accent allemand qui nous prendra.

Un passage de frontière, c'est toujours une aventure, toujours un univers. Ne jamais paniquer. Ne jamais perdre confiance. Même au milieu du désert, c'est souvent étonnant. Comme cette frontière entre le nord de la Thaïlande et le Laos. Le policier thaï nous demande d'abord quand nous reviendrons dans « son Royaume ». La manière martiale de poser la question ne donne pas vraiment envie de répondre « bientôt ». Nous préférons lui dire « pas tout de suite », sans trop nous mouiller. Puis nous embarquons dans un bus transfrontalier qui franchit le Mékong pour nous retrouver au Laos. Le changement de sens de circulation, assez unique au monde, nous fait emprunter un micmac de routes qui se croisent et s'entrecroisent pour arriver sur la voie de droite – à la française – abandonnant la voie anglaise.

Parvenus au Laos, nous tombons devant un immense panneau de tarifs : ce sont les différents prix à payer pour le visa d'entrée. Les Chinois ont des prix préférentiels, les Français paient un chouïa plus mais rien en comparaison des Indiens ou des Canadiens. Le prix du visa, c'est une histoire de diplomatie.

Le passage de frontière donne aussi un petit avant-goût de l'état d'esprit du pays. Très détendu, par exemple, à notre arrivée au Brésil. Autant c'était un peu galère d'entrer au Paraguay, autant ce fut d'une simplicité déconcertante d'en sortir. Nous passons par Ciudad del Este (la ville de l'est) considérée comme la plus grande zone franche d'Amérique du Sud. Des immeubles horribles abritent des centres commerciaux où les produits high-tech tombés du camion côtoient des milliers de marchandises détaxées. Généralement, les Brésiliens viennent ici faire des affaires. Autant dire que nous sommes devant une véritable frontière passoire. Et c'est de notoriété publique.

Nous nous disons tout de même qu'en temps de pandémie, sachant la proximité de Ciudad del Este avec l'Argentine et les chutes d'Iguaçu, il y aura des contrôles renforcés. Eh bien, absolument pas ! Nous avons pu franchir la frontière brésilienne avec une étonnante décontraction. Aucun contrôle. Nous avons même pu tranquillement déposer nos sacs dans un *hostel* de Foz do Iguaçu, la ville-miroir de Ciudad del Este, côté Brésil. Néanmoins, il est toujours bon de se mettre en règle quand on arrive dans un nouveau pays ne serait-ce que pour pouvoir le quitter. Il nous faut un test antigénique négatif. Nous avons pris l'habitude depuis notre second départ de Paris en août 2020 de nous faire trifouiller les narines pour montrer patte blanche.

Avant s'arriver au Brésil, nous avions déjà passé six tests. D'habitude, nous devions effectuer les vérifications sanitaires avant notre passage de frontière. Ce qui semble logique. Mais comme la frontière entre le Paraguay et le Brésil est aussi facile d'accès et si peu contrôlée – et jamais en ce qui concerne le test anti-Covid –, nous avons tenté une expérience différente : passer le barrage et retourner au poste-frontière une fois le Graal en main.

Délestés de nos bagages, nous voici sur le sol brésilien à la recherche d'un centre de dépistage. Après avoir fait le tour de trois ou quatre pharmacies, nous nous retrouvons sur le parking de l'une d'entre elles. Un chapiteau et une professionnelle en blouse. Mais voilà : alors que la carte bancaire est acceptée absolument partout au Brésil, même auprès d'un vendeur à la sauvette sur la plage, là, exceptionnellement, le paiement ne se fait qu'en liquide… Nous voilà repartis à travers Foz do Iguaçu, sous 35 °C, à la recherche d'une banque susceptible de nous délivrer quelques billets. Et ce n'est pas si simple !

Une heure de montées et de descentes plus tard, nous revoici à la pharmacie. Nous payons. On nous enfonce le long écouvillon dans le nez. Résultat du test au bout de dix minutes : négatif ! Nous repartons alors au poste-frontière. Nous arrivons dans le local. Nous sommes, semble-t-il, les seuls voyageurs à faire la démarche de nous arrêter devant les policiers. Eux-mêmes sont hilares derrière leur comptoir. Nous montrons alors nos passeports : « Ah mais vous êtes Français ! Soyez les bienvenus ! » Et voilà nos documents tamponnés sans avoir eu à présenter nos tests sanitaires. Nous faisons connaissance avec la décontraction – excessive ? – des Brésiliens !

Un passage de frontière à mille lieues – c'est le cas de le dire – de ce qui nous attendait en janvier 2020 au Cambodge : nous n'avons même pas pu voir le policier qui nous tendait du bout des doigts à travers sa guérite un masque chirurgical. Rien à voir non plus avec les barrages de militaires que nous avons dû franchir, fouille poussée en supplément, au Chiapas, dans cette région entre le Mexique et le Guatemala, en octobre 2020. Là, il ne s'agissait pas d'une exigence sanitaire mais sécuritaire. Nous avions vu sur les bords de route des dizaines de colonnes de migrants venus de toute l'Amérique centrale qui remontaient vers les États-Unis à travers le Mexique. Le Chiapas n'est que le début de leur périple. La protection des frontières y est un outil politique hautement sensible : c'est une marge de négociation au poids considérable entre les mains des autorités de Mexico face à Washington. L'armée mexicaine ferme les yeux quand les tensions sont trop grandes avec l'administration américaine. Mais elle lutte toujours avec attention contre les trafics de drogue. Certes, nous ne ressemblions pas à des clandestins, mais la fouille de nos sacs, quoique très correcte, fut accompagnée d'un interrogatoire en règle.

Quelques kilomètres plus loin, en profitant d'un parc naturel parsemé de lacs, nous avons pu pourtant franchir la frontière à pied, sans aucun contrôle. Il faut dire qu'au-delà du premier village guatémaltèque, la route n'existe plus. Si nous avions eu l'intention de nous transformer en contrebandiers, nous aurions eu un long chemin à parcourir à travers la forêt et la montagne. La nature, parfois, est la meilleure des gardes-barrières.

Aucune frontière ne se ressemble. Leur fonction est toujours à géométrie variable. Il n'en demeure pas moins que, pour des Européens, elles restent le meilleur moyen de se rendre compte des complexités du monde, de la coexistence parfois difficile entre peuples, entre nations. Au sein même des pays, il peut exister des frontières. Visibles ou insidieuses. On a pu se faire arrêter au milieu de la Birmanie lorsque nous franchissions des régions sensibles. Les régions frontalières sont aussi des endroits hors du temps et de l'espace. Des passages vraiment obligés auxquels il ne faut jamais préférer les aéroports, lieux aseptisés par excellence. La frontière terrestre est toujours ancrée dans une réalité, parfois périlleuse, parfois incertaine pour qui n'a pas le bon passeport. À l'image de ce passage fluvial entre la Birmanie et la Thaïlande.

XI

Le monde est petit

Bangkok, Thaïlande, lundi 23 décembre 2019

« Regarde !

— Quoi ?

— Là ! Devant ! Tu ne trouves pas qu'il ressemble à…

— Non, attends ! Ce serait tellement énorme !

— Ben oui, mais regarde ! Sa dégaine, sa démarche, sa taille, son style… Et puis cette grande dame à côté de lui…

— On va le croiser. On en aura le cœur net ! »

Nous sommes à Bangkok en ce 23 décembre. À quelques heures de Noël, et alors que nos parents et deux amies viennent de nous rejoindre pour passer les fêtes ensemble, nous profitons de la capitale thaïlandaise dans ce qu'elle offre de plus caricatural : les boîtes de nuit. Nous avons abandonné pour quelques heures nos proches et, après avoir bu quelques Sato Siam avec des pêcheurs affairés à capturer des tilapias depuis un pont enjambant un des innombrables canaux de la ville, nous déboulons à Patpong.

Pas besoin de faire un dessin : quiconque est venu à Bangkok connaît Patpong. Il y a Bangla Road et le Paradise Complexe à Patong, sur l'île de Phuket, il y a aussi Pattaya, désormais lieu de villégiature d'Indiens en mal de sensations fortes, et, à Bangkok, il y a Patpong.

Des dizaines, des centaines de jeunes filles en tenues très courtes nous accostent pour nous proposer des massages et autres parties de plaisir. Cela ne nous intéresse pas vraiment. Nous devons traverser Patpong pour rejoindre Silom 4, un bloc où se trouvent des boîtes moins « olé, olé ». Mais c'est dans ce quartier de perdition que nous croisons notre bonhomme, la démarche inimitable, la main droite dans une poche de pantalon de costume, la main gauche sur la taille de sa compagne. Dominique Strauss-Kahn nous faisait face ! Nous n'avons pas eu le temps de le saluer. Nous nous sommes croisés et nous sommes restés médusés. Quelques heures plus tard, comme pour « vérifier cette info », un correspondant sur Instagram poste une photo de DSK depuis l'aéroport de Bangkok : « Devinez qui rentre à Paris en même temps que moi ? » C'était bien lui.

« Le monde est petit. » Cette expression n'est pas galvaudée. Nous avons fait des dizaines de rencontres impromptues à travers la planète. À La Paz, nous retrouvons dans un pub un gars à qui l'un de nous deux avait vendu sa télé dix ans plus tôt à Paris. Aujourd'hui, Alexandre tient ce bar du centre-ville, à quelques pas de la très populaire place San Francisco.

Ce soir-là, nous retrouvons aussi Damien, un *backpacker* dans son genre, que nous avions croisé à la sortie d'un restaurant japonais de Tulum, au Mexique. Nous le pensions québécois – ce qui en rajoutait à cette rencontre très Kamoulox. Il n'en est rien : Damien est Français, il bosse dans une boîte de marketing, il vient d'un milieu très modeste et a décidé depuis quelques mois de se lancer dans les cryptomonnaies. Très doué, il a profité de la crise du Covid pour partir bosser à distance et se déplacer au gré de ses envies. Le succès venant, les monnaies virtuelles lui permettent aujourd'hui de prendre une revanche sur la vie. Nous le croiserons encore plus tard lors de notre dernière étape en Amérique latine, à Rio.

« Vous parlez français ? Je peux me joindre à vous ? » Ce bar est un repaire d'espions ou quoi ? Le troisième personnage s'appelle Julien. Il vient s'attabler à nos côtés. Il arrive tout droit du Paraguay : « Ce n'est pas vrai ?! Mais personne ne va au Paraguay ! », lui rétorquons-nous, sachant que nous devrons nous-mêmes poursuivre notre escapade par ce pays enclavé afin de rejoindre le Brésil. Julien est intérimaire. Il n'a pas la trentaine et enchaîne depuis toujours plages de travail en France et plages tout court. Très apprécié par ses patrons, il est toujours rappelé. Cette fois, il doit mettre un terme à son périple plus tôt que prévu : en mars, il commence un nouveau job.

Il a néanmoins le temps de nous raconter son aventure en Amérique latine : arrivé au Paraguay quelques semaines plus tôt « car les vols étaient les moins chers depuis la France », il a traversé le pays à l'arrière de moto, de pick-up et d'autres moyens de transport non conformes aux standards du code de la route. Il nous dépeint un pays arriéré – sentiment que nous ne partagerons pas à notre arrivée – et très porté sur l'alcool – pour le coup, nous ne pourrons pas le démentir.

On s'échange nos bons plans du Pérou, lui du Brésil. Jusqu'à ce qu'Alexandre nous propose de monter à El Alto, la grosse bourgade située au-dessus de La Paz. Nous prenons un bus collectif blindé et grimpons jusqu'à 4 100 mètres d'altitude. El Alto porte bien son nom. Au total, depuis notre hôtel jusqu'au sommet de la ville, nous aurons connu un dénivelé de plus de 800 mètres. Une paille dans la capitale la plus haute du monde !

À El Alto, nous retrouvons l'ambiance bruyante et presque étouffante de l'Inde. Ici, nous sommes en terre andine et qu'il soit minuit ou midi, en plein couvre-feu ou pas, il y a du monde partout ! La boîte de nuit – officiellement fermée – dans laquelle nous entraîne Alexandre est située à l'étage d'un immeuble qui, sans une bonne dose d'alcool, nous aurait rapidement rebutés. Pas d'issue de secours, plusieurs dizaines de personnes au mètre carré, des vigiles armés jusqu'aux dents. C'est El Alto !

Quelques semaines plus tard, comme prévu, nous nous retrouvons au Paraguay. Étape indispensable en cette période de Covid si l'on veut passer de la Bolivie au Brésil. La frontière n'a pas été simple à franchir et nous étions plutôt favorables à une marche forcée pour rejoindre au plus vite les deux sites majeurs situés à l'est : les réductions jésuites et les chutes d'Iguazú via la capitale, Asunción.

Nous avons néanmoins bien fait de ralentir le rythme et de prendre le temps de rester sur les bords du *río* Paraguay. Un beau jour, un message sur notre compte Instagram : « Bonjour, je m'appelle Nadia. J'ai vu que vous étiez à Asunción. Moi aussi. Est-ce que ça vous dit de boire un verre ? » Nous ne la connaissions pas. Nous regardons rapidement son compte. On dirait qu'elle voyage depuis quelques semaines en Amérique du Sud. Rencontrer des Français au Paraguay est quasi mission impossible, alors quand il y a une compatriote qui nous propose de prendre un café, autant ne pas laisser passer l'occasion. Voyons-nous avec plaisir !

Nadia est infirmière libérale. Elle vient de Nice. Elle a deux grands enfants. Elle est divorcée. Et la cinquantaine arrivant, elle a décidé de lâcher l'appartement qu'elle venait d'acheter, de prendre une demi-année sabbatique et de se lancer seule, pour la première fois de sa vie, à l'aventure.

« C'est génial ! Mais qu'est-ce qui t'a donné cette envie ?

— Votre blog ! »

La réponse du tac au tac de Nadia nous surprend et nous fait rougir. Cette femme que nous ne connaissions absolument pas, à qui nous n'avions jamais parlé, nous rencontre à Asunción, l'une des plus petites capitales du monde, aux confins de l'Argentine et du Paraguay, et nous explique que si elle est là, c'est en partie à cause – ou grâce – à nous !

« Je voulais partir depuis un moment. C'était un peu un rêve. Mais quand on commence à bosser, à prendre un crédit pour la maison, c'est compliqué. Et puis j'ai lu votre blog et vous m'avez tellement donné envie de repousser mes limites, de voyager comme vous, simplement, en faisant des rencontres, que j'ai regardé ce qui me retenait. Mes enfants sont grands, je peux quitter mon job et le reprendre en revenant, je retrouverai un appartement… Bref, je me suis lancée ! »

Nadia veut poursuivre son périple en empruntant comme nous l'avons fait la fameuse frontière boliviano-paragayenne, en plein désert du Chaco. Comme nous, elle le fera en stop. Comme nous, un routier la transportera jusqu'à la ville suivante. Comme nous, il ne lui arrivera rien de mal. Nous nous en serions voulu ! C'est quand même une certaine responsabilité pour nous que d'être à l'origine de son aventure solitaire ! Elle est aujourd'hui revenue à Nice et nous sommes toujours en contact.

Toutes les rencontres fortuites n'ont pas été aussi sympathiques. Comme celle de la mafia des taxis à Malang, au nord de l'île de Sumatra, en Indonésie. Attirés dans un véritable guet-apens, nous aurions pu finir en mauvais état. Nous avons dû montrer les poings face à une bande de mafiosos qui voulaient nous escroquer, prenant en otage un véhicule mutique qu'ils empêchaient de démarrer au prétexte que nous devions louer « leur » voiture pour rejoindre notre destination.

Au final, nous rejoindrons Bukit Lawang, petit village mangé par la forêt où dès le lendemain nous ferons l'une des plus belles rencontres de notre tour du monde : les orangs-outans. Il s'avance seul ce petit, face à nous. Nous sommes tous les deux au bord de la rivière simplement accompagnés de notre guide. Il n'y a personne car tout le monde veut découvrir les « hommes des forêts » à Bornéo et non, comme nous, à Sumatra. Derrière les fourrées, néanmoins, nous sentons le regard inquiet et dominateur de la maman qui nous observe. Au moindre geste suspect, nous savons que nous ne pourrons pas faire le poids. Nous prenons quelques photos. Le jeune orang-outan s'amuse avec des galets, nous scrute. Puis nous préférons le laisser là avant qu'il ne soit trop en confiance et décide de venir plus près de nous, ce qui risquerait de nous attirer les foudres de sa mère.

Mais l'endroit où nous avons fait le plus de rencontres au kilomètre carré, c'est quand même la Plaza de la Trinidad dans le quartier de Getsemaní, à l'ouest de la vieille ville de Carthagène des Indes, en Colombie. Vidée de ses touristes américains à la grossière réputation, la place était en cette fin novembre 2020 une vaste agora colombienne où les familles, les amis et les rares *backpackers* se rassemblaient chaque soir.

Aimantés par cette ambiance, nous nous retrouvons une première fois comme happés par la bonne humeur communicative de l'endroit. La Plaza de la Trinidad vit au rythme des cérémonies religieuses. La petite église qui la domine scande les heures et les événements de la journée : nous applaudissons à la sortie des jeunes mariés, nous nous regardons tous quand la cloche sonne un coup… « Déjà 1 heure ?! » Et nous nous alimentons à la *tienda* du coin qui débite plus de mousses à la minute qu'une échoppe à la fête de la bière de Munich.

Nous nous posons avec une Aguila à la main quand deux hommes et une femme viennent s'installer à côté de nous. Ils sont de Bogota. On trinque et on se raconte nos vies respectives comme si on se connaissait depuis toujours. Ils sont arrivés il y a une semaine. Le couple et le frère du mari sont installateurs de fenêtres automatiques. Ils nous présentent leurs travaux : ils font défiler les photos sur leur portable et nous expliquent dans les moindres détails les difficultés de livrer un tel engin. Et puis ils nous paient une bière. Nous leur rendons la pareille un peu plus tard. Et de notre côté nous leur faisons découvrir Manu Chao.

Un spectacle de sosies de Michael Jackson unit pendant cinq minutes cette place bruyante où chaque groupe s'élargit au fur et à mesure de la soirée. Une vendeuse de bracelets vient nous raconter une histoire drôle. Nous lui prenons un bracelet chacun. Pierre n'a pas d'argent sur lui et Matthieu fait la queue à la *tienda* : « C'est pas grave ! Tu me paieras demain ! » Le lendemain, même heure, même endroit, nous retrouvons nos amis de Bogota. Nous suivons l'évolution de leurs travaux. Et nous payons la vendeuse de bracelets tout heureuse que nous ne l'ayons pas oubliée.

C'est aussi là que nous rencontrons Raibert et Cristhian, deux réfugiés vénézuéliens qui zonent depuis que la crise a réduit à néant la totalité de leurs maigres économies. Ils nous tendent un billet de 100 bolivars vénézuéliens : « On vous le donne : il ne vaut rien ! » Un rapide calcul nous le confirme : il faudrait dix mille de ces billets pour atteindre un euro. Plus tard, Cristhian s'effondrera en larmes quand il évoquera avec nous la misère dans laquelle vit sa maman et son malheur d'être loin d'elle, sans argent pour l'aider. Le drame vénézuélien a poussé plus de cinq millions de personnes sur les routes d'Amérique latine, dont près de deux millions en Colombie.

La magie des rencontres, c'est d'en savoir plus sur le monde qui nous entoure, qui nous semble si différent mais qui prend tout à coup un visage humain. Carthagène devait nous retenir trois jours : elle nous accaparera une semaine et nous arpenterons la plage, le fort et les endroits méconnus de la ville avec des compagnons rencontrés au hasard de cette Plaza de la Trinidad. Nous y gagnerons même une invitation à dîner chez cette famille, de retour à Bogota, avant de quitter le pays.

En Asie, seul le Laos peut tenir la dragée haute dans l'impromptu. En dépit d'un accueil avec les drapeaux rouges frappés de la faucille et du marteau dorés du communisme triomphant, rien ne pouvait supposer que l'atmosphère serait propice aux rencontres. Et pourtant, dès le lendemain de notre arrivée à Huay Xai, au bord du Mékong, nous étions littéralement kidnappés dans une fête familiale. La bière (la Beerlao), le whisky frelaté (le Lao Lao) et un verre d'eau, nous enchaînons le triptyque du déjeuner de famille réussi en un temps record. On discute comme on peut entre anglais et français. Les filles nous entraînent pour danser avec elle sur le son d'une boîte à rythmes dont on oubliera le nom. Il est minuit ? Trois heures du matin ? Impossible : il fait encore jour et pourtant nous titubons. Il n'est que 14 heures. Nous venons de passer moins de deux heures avec cette famille et nous voilà obligés de faire une sieste au bord de l'eau pour reprendre nos esprits…

Le sens de l'accueil laotien allié aux circonstances étonnantes de ce tour du monde, de ce tout petit monde, trouve son paroxysme à Paksé, la grosse ville du sud du Laos. Nous y sommes fin janvier 2020. Quelques jours plus tôt, à Vientiane, la capitale, nous sommes tombés sur une boulangerie-pâtisserie proposant, ô joie, des galettes des rois. Chez nous, la tradition, c'est sacré, surtout quand elle est sucrée. Nous nous promettons d'y retourner le lendemain à l'heure du goûter. Entre-temps, on immortalise la splendeur et on la publie sur Twitter (coup de chance car le lendemain, il n'y en avait plus…). Coup de chance et coup du destin, l'un de nos amis reconnaît l'étiquette indiquant le prix de la galette et répond :

« C'est chez mon oncle !

— Comment ça chez ton oncle ? »

Nous sommes interloqués :

« C'est impossible : nous sommes dans une boulangerie de Vientiane, au Laos !

— Justement : vous êtes au Café Sinouk. Et Sinouk, c'est mon oncle ! »

Nous n'en revenons pas. Song est un ami de longue date, mais jamais il n'avait parlé de ses origines laotiennes. C'est donc par le truchement d'une galette des rois, à l'autre bout de l'Asie, que Song nous organisera une rencontre avec son oncle et sa mère, de retour pour quelques mois dans le pays.

C'est ainsi, à Paksé, que nous retrouvons Nang, dans la grande maison familiale transformée en hôtel-restaurant. Nang et son frère, l'oncle de Song, ont fait leurs études en France. À cette époque-là, leur père, riche industriel et homme politique reconnu dans le pays, pressentait l'arrivée des communistes. Afin de mettre ses enfants à l'abri du besoin, craignant que ses biens ne soient saisis, il les envoya en France : « Au moins si je n'ai plus rien, vous bénéficierez d'une bonne instruction ! »

Nang prendra la nationalité française. Son père et son frère resteront Laotiens. Au début des années 1990, après la chute de l'URSS et l'ouverture au capitalisme du Parti communiste chinois, les dirigeants laotiens commencent eux aussi une lente mue. Ils rappellent l'ancienne élite du pays. Le père de Nang hésite. Mais, par amour pour son pays, il accepte de revenir participer au redressement du Laos. Il exige néanmoins une condition : retrouver sa maison de Paksé, transformée entretemps en logement communal. Il l'obtient, réhabilite l'immeuble et en fait un hôtel.

Son fils, de son côté, rachète des terrains sur le plateau des Bolovens et y plante des caféiers – produit à haute valeur ajoutée. C'est ainsi que naît le Café Sinouk au rez-de-chaussée de l'hôtel familial et qui s'étendra en chaîne de boulangeries-pâtisseries.

L'heure passe et Nang nous fait des confessions : « Il y a encore une dizaine d'années, le simple fait de nous retrouver ici, tous les trois, aurait pu paraître suspect. On nous aurait arrêtés pour complot contre l'État ! Aujourd'hui, les choses vont quand même beaucoup mieux au Laos. » Nos quelques cafés terminés, elle nous implore de rester dîner : « Je prévoyais un plat laotien mais je me suis dit qu'après tout ce périple en Asie vous aimeriez manger un plat bien français ! » C'est avec une vue incroyable sur les montagnes et le Mékong, au dernier étage de la maison, que nous avons dégusté l'un des meilleurs croque-monsieur de notre vie. Le temps passe si vite en d'aussi bonnes compagnies…

XII

La promesse de Nong Khiaw

Nong Khiaw, Laos, mercredi 15 janvier 2020

Nous fronçons les sourcils, dérangés dans notre sommeil par les premiers rayons du jour. La chambre n'est séparée du balcon que par un mince rideau de tissu, il n'y a ni porte ni vitre. Les murs sont faits de bambous qui se sont craquelés avec le temps. Notre lit aussi est en bambou, garni d'une moustiquaire aux faux airs de baldaquin. Nous ne pouvons pas nous cacher sous les draps, ils n'existent pas. De toute façon, avec la chaleur, ils seraient insupportables. Notre premier regard est pour la Nam Ou qui s'écoule au pied du bâtiment. Son doux courant nous cajole. Des chants d'oiseaux ajoutent à la berceuse. Ils nous persuadent de rester encore un instant allongés. Mais on sait que ce calme ne durera pas.

À 7 heures, c'est le ballet des barques à moteur qui déposent les enfants sur le ponton. L'école est juste à côté, c'est la seule pour tous les enfants des villages alentours. Les écoliers ont encore un peu de temps avant le début de la classe, alors l'un d'eux diffuse le dernier tube de Pongsit Kamphee sur son téléphone et tous se mettent à chanter. La directrice bat le rappel. Ils se rassemblent à la queue leu leu devant la grille. C'est à présent une musique patriotique qui crépite dans les haut-parleurs. Nous nous levons, nous douchons à l'eau froide puisée directement dans la rivière et nous sortons sur le palier.

Nous avons élu domicile à la Pho Sai Guesthouse il y a quatre jours. Nous ne devions faire qu'une halte, mais chaque matin nous retournons voir le propriétaire pour lui demander de rester un jour de plus. Le vieil homme est invariablement assis dans la cour à écouter l'actualité sur son transistor. Il nous adresse un signe de tête en guise d'approbation. Il comprend le français mais le parle peu, alors nos discussions se limitent aux quelques mots qu'il réussit à piocher dans sa mémoire et à beaucoup de gestes. À sa droite, un Thermos d'eau chaude, du café soluble et un écriteau qui en indique le prix. Nous ne lui prenons que l'eau chaude, nous avons acheté nos propres dosettes à l'épicerie : encore une astuce de routard.

Depuis notre arrivée au Laos, notre tour du monde a basculé. Ou peut-être a-t-il véritablement commencé ? Nous avons en tout cas bouleversé notre rapport au temps. Il fallait sûrement un pays comme celui-ci pour que ce changement intervienne. Le Laos est enclavé entre les montagnes, sans accès à la mer, donc sans plage. Il compte peu de patrimoine historique. Il est mal desservi par les compagnies aériennes. Cela l'a préservé du tourisme de masse. On se sent ici comme coupé du reste de la planète.

Ses deux richesses sont la nature et les Laotiens eux-mêmes, dont le sens de l'accueil et la douceur de vivre dépassent tout ce qu'on a pu connaître auparavant. Dès le surlendemain de notre arrivée, bien remis de cette cuite mémorable au « triptyque laotien », nous partions en trek dans la jungle du côté de Luang Namtha, avec un guide, Sert, et un couple de quadras néo-zélandais, Anna et Pete, des botanistes qui, comme nous, tenaient à « sortir des sentiers battus ». Trois jours sans réseau téléphonique, sans électricité, sans eau courante, à passer d'un hameau isolé à un autre pour finir dans une cabane de pêcheurs perdue dans un renfoncement de la forêt. On ne regardait plus la montre : on se levait avec le soleil, on marchait la journée, on mangeait quand la faim arrivait, on se couchait à la nuit tombée. C'était simple, la nature nous donnait le tempo. Nous n'en sommes pas totalement revenus. Notre guide galérait à fabriquer des chapeaux en bambou… Nous nous sommes lavés pour la première fois dans une rivière… Il aurait pu y avoir une attaque atomique que nous n'aurions même pas été au courant malgré la petite radio qu'écoutaient attentivement les commissaires du peuple lorsque nous traversions les villages : « Ce n'est pas important. C'est du sport. Ça parle des résultats de Louang Prabang », nous répondaient-ils lorsque nous demandions ce qu'il se disait dans le poste… Nous étions véritablement à l'écart du monde.

C'est à partir de là que nous avons cessé de planifier notre itinéraire et de réserver nos hébergements pour laisser le temps faire de nous ses passagers. À Nong Khiaw, nous apprécions de flâner dans les ruelles et d'observer la rivière depuis le pont qui relie les deux bras de la commune. Lorsque nous ressentons le besoin de faire quelque chose, nous parcourons les sommets environnants en quête de points de vue. Nous prenons nos dîners dans une gargote sans enseigne que nous avons baptisée « Chez la dame » où une mère de famille nous sert des assiettes chaque fois plus copieuses, comme pour nous remercier de revenir encore. Ne pourrait-on pas rester ici indéfiniment ?

Tant qu'on n'est pas parti, on ne réalise pas à quel point la vie en France est programmée. Rien que notre façon d'en parler est significative. On « gère » ou on « occupe » son temps, on se réjouit d'avoir « gagné » du temps ou on se désespère d'en « perdre ». Un « trou » dans l'agenda est fait pour être « rempli ». On s'impatiente quand le métro met cinq minutes à arriver ou quand le feu tricolore tarde à passer au vert. On enchaîne travail et loisirs. Heureusement, on a les rappels de l'agenda et l'alarme du téléphone pour ne rien oublier ; ce téléphone qui n'est jamais très loin de notre main et de nos yeux. L'inactivité est souvent appréhendée comme un problème, un signe de mauvaise santé sociale. Et, finalement, on se plaint que « le temps passe trop vite ».

Notre cure de détox a débuté au moment de quitter nos emplois. Les messages qui pleuvaient dans nos boîtes mail se sont subitement taris. Nous avons encore maintes fois consulté Gmail avant d'admettre que l'application n'était pas en panne. Heureusement, les préparatifs du départ ne nous laissaient aucun temps mort. Arrivés en Asie, nous suspendions l'itinérance des données : les notifications des réseaux sociaux et d'actualité s'arrêtaient à leur tour. La rupture était bel et bien consommée. Au bout de dix jours, le sevrage portant ses fruits, nous convenions de couper le vibreur et la sonnerie de nos téléphones. Nous ne les consultions plus que lorsque nous en ressentions l'envie, c'est-à-dire de moins en moins souvent.

Le vide créé par ce silence numérique s'est immédiatement rempli d'autres choses : des pensées qui vagabondent, l'observation de ce qui nous entoure, un regard capté chez un passant auquel on répond et qui déclenche une rencontre. Mais nous n'en avions pas fini. Nous planifions toujours notre parcours, nos hébergements, nos visites. « Comme ça, c'est fait. » Nous pensions qu'anticiper l'intendance nous permettrait ensuite de mieux savourer l'instant. C'était vrai, jusqu'à ce qu'on se résigne à quitter un lieu passionnant par obligation de rejoindre le suivant.

À Khajurâho, non loin de la vallée du Gange, nous sympathisons un matin avec les jeunes du village. Ils étudient la langue de Molière et nous abordent dans la rue pour éprouver leur vocabulaire. Ils nous font visiter leur quartier, nous détaillent leur quotidien puis nous invitent à revenir le soir pour célébrer avec eux la fête de Krishna Janmashtani. À chaque fin du mois d'août, pour remercier Krishna de sa protection, les adolescents pendent un pot en terre cuite à 5 mètres du sol. Il déborde de lait, de beurre et de pièces de monnaie. Leur défi est de le décrocher à l'aide d'une pyramide humaine. Ils se partagent ensuite son contenu. Les ados nous promettent un spectacle étonnant, avec généralement quelques blessés mais aussi beaucoup de réjouissances. Ça ne se refuse pas.

Nous les retrouvons comme promis à la tombée du jour sur le parvis de l'école. Ils en sont à installer de larges guirlandes de papier et à fixer le pot à une corde qui permettra de le hisser. Les plus petits dansent déjà sur un tapis de laine en braillant. Les mères cuisinent des pâtisseries. On écoute en fond de la musique traditionnelle. Nous sommes les deux seuls Occidentaux et tous nous accueillent comme si nous vivions ici. Chaque personne présente vient nous saluer et échanger quelques mots. On nous offre du *chai* acheté dans un sac en plastique au commerçant du coin. Pour patienter, un jeune nommé Satyam nous convie même chez lui, où il nous présente sa famille et nous montre ses cahiers de français. Nous partageons ensemble un thé assis contre le mur en torchis de l'unique pièce qui compose sa maison. Il nous explique qu'il veut aussi étudier l'anglais et le coréen car son rêve est de devenir guide touristique. Lorsque nous revenons enfin à l'école, la pyramide n'a toujours pas commencé.

Nous ne la verrons pas car, cette même nuit, un train doit nous emmener à Varanasi, la mythique cité mortuaire. Nous pensions pouvoir concilier les deux, mais les préparatifs de Krishna Janmashtani se poursuivent encore à l'heure de rejoindre la gare. Nous devons dire adieu à nos amis et nous endormons dans le wagon-couchette avec le cœur plein de regrets. À quoi bon faire un tour du monde, s'il nous amène à ressentir cette même frustration des moments inachevés que celle que nous ressentions lors de nos vacances dans les bouches de Kotor ?

Le village de Nong Khiaw nous fait enfin comprendre que ce tour du monde n'a de sens que s'il est lent. Qu'importe que nous parcourions douze pays au lieu de treize. Après tout, ils étaient trente sur notre première liste ! Ce qu'on a coutume de surnommer « le voyage d'une vie » ne doit pas nous faire oublier qu'il n'est pas le seul voyage de notre vie : nous aurons mille autres occasions de franchir les frontières et d'arpenter des territoires inconnus. Ce qui est unique, cette fois-ci, c'est ce temps que nous détenons en abondance, que nous pouvons dépenser sans compter. Nous comprenons aussi que ce qui nous touche et nous marque le plus au fil du chemin, ce ne sont ni les monuments ni les paysages, mais bien les rencontres : les seules choses qui ne se planifient pas. Elles surviennent au hasard d'une rue comme à Khajurâho, en s'attardant sur une place ou à un arrêt de bus. Courir d'un point à l'autre en arborant un air pressé les rend tout bonnement impossibles. Alors finis les programmes, nous n'avancerons plus qu'avec un seul but : flâner jusqu'à accepter les invitations qui se présentent et voir où elles pourront nous mener.

Nous passerons plus d'un mois au Laos contre trois semaines initialement prévues. Nous frôlerons les cinq semaines au Cambodge, le double de nos prévisions. Il en sera de même encore et encore : deux mois et demi au Mexique, six semaines en Colombie, cinq semaines au Pérou, autant en Bolivie… En regardant derrière nous, nous trouverons fou d'avoir traversé l'Inde en neuf semaines, alors qu'elle fait la taille d'un continent, ou de n'avoir passé que trois semaines en Indonésie qui méritait tellement plus.

Alors nous nous libérerons de l'ultime contrainte, celle d'un tour du monde borné à douze mois. Au grand dam de nos parents qui espéraient les retrouvailles, nous mordrons tout un semestre de plus. Mais, paradoxalement, avec ce temps en rab, nous déciderons d'en voir moins. Nous accepterons de ne parcourir qu'une partie des pays et même de sécher certains de leurs « incontournables » pour nous offrir le luxe d'avancer toujours plus lentement. Nous n'aurons plus peur de poser nos sacs huit jours dans une ville dont l'unique promesse est de nous faire toucher du doigt la vie des gens. Nous respecterons alors scrupuleusement l'engagement que nous nous avions pris à Nong Khiaw : à chaque étape et chaque rencontre, vivre jusqu'au bout ce que nous souhaitons vivre.

XIII

Les locaux

Thalang, Laos, 22 janvier 2020

Prendre le temps, oui. Mais parfois avec des pointes à 70 kilomètres à l'heure ! Nous sommes lancés depuis deux jours sur la boucle de Thakhek, un parcours de 400 kilomètres à scooter au centre du Laos. Cet itinéraire a été imaginé dans les années 2000 par des routards tombés amoureux de la région. Il permet de découvrir la campagne laotienne en complète autonomie. En vingt ans, le concept a fait tant d'adeptes qu'une agence de location de deux-roues lui dédie son business. Notre préoccupation depuis le début de ce tour du monde étant de croiser le moins d'Occidentaux possible, nous faisons le parcours en sens inverse. Une idée toute bête qui nous permet, jusqu'à présent, d'être seuls sur la route.

Il faut admettre qu'elle est belle, cette route, à travers les champs roussis par le soleil, le vert rond de la jungle et le gris acier des massifs karstiques. Elle nous conduit dans des vallées presque encore coupées du monde, où une poignée de paysans survit de la culture du tabac. Nous découvrons la superbe grotte de Kong Lor, la plus vaste du pays avec ses 7 kilomètres de long, où une rivière s'écoule en silence. Elle se parcourt en barque dans l'obscurité la plus totale. Nous poursuivons plus à l'est, en longeant un gigantesque lac dont se dégagent les dépouilles nues de milliers d'arbres. La forêt qui se trouvait là a disparu depuis peu pour laisser place à un barrage hydroélectrique – le Laos veut devenir la centrale électrique de l'Asie et ne lésine pas sur les moyens pour y parvenir. Avec le jour qui tombe, la scène se fait apocalyptique, mais la lueur de notre étape du soir apparaît au-delà d'un immense pont en béton : Thalang.

Thalang n'est qu'un point sur une carte au milieu de nulle part. Il n'y a pas de mairie, pas de commerce, pas d'école, juste deux rues poussiéreuses et une poignée de maisons faites de tôle et de bois. Ses habitants vivaient autrefois des ressources de la forêt. Depuis la construction du barrage, les autorités les ont incités à se reconvertir dans la pêche. Contre toute attente, c'est aussi le tourisme qui fait désormais travailler une partie de la communauté. Tandis que la boucle à scooter gagnait en notoriété, Thalang a su mettre à profit son emplacement stratégique, à équidistance quasi parfaite de Thakhek et de la grotte de Kong Lor.

Le bourg est devenu le point de chute idéal des voyageurs pour passer la nuit. Chaque fin d'après-midi, le même spectacle se produit : une caravane de deux-roues apparaît sur la ligne d'horizon pour venir se garer juste devant la Sabaidee Guesthouse.

Nous n'avions pas encore commencé cette boucle que nous entendions déjà parler de cet hébergement. Du loueur de scooter jusqu'au gérant de notre précédent hôtel, tous avaient la même suggestion à nous faire : « Allez dormir à la Sabaidee Guesthouse. Leur soirée barbecue est formidable. » Or, s'il y a bien une chose qui nous inquiète, ce sont les conseils unanimes. En voyage, un bon plan trop souvent répété tourne vite au mauvais plan – le pire étant qu'un bon plan se retrouve indiqué dans *Le Routard*. Cette fois, nous n'avons pas d'alternative : la Sabaidee est le seul endroit où dormir. Nous sommes ce soir-là parmi les derniers à la rejoindre – la faute à notre parcours inversé –, mais par miracle une chambre double reste disponible. Tandis que nous franchissons le pas de la porte, une Européenne nous accueille d'un enthousiaste « Sabaidee les amis ». « En laotien, ça veut dire aussi bien bonjour que bienvenue ou comment ça va, explique-t-elle aussitôt. Je vais vous montrer votre chambre, mais d'abord je vous recommande de vous inscrire pour le barbecue. Il est il-li-mi-té. Vous allez voir, c'est trop gé-nial ! » Nous rêvons déjà de repartir…

Le jardin de l'auberge déborde d'animation. Une quarantaine de voyageurs s'y est établie, sirotant des bières sur fond de musique pop digne d'un *rooftop* parisien. Ça trinque, ça rit et ça discute en français, pendant que le patron allume un barbecue dans un vieil obus de la guerre du Vietnam. Les brochettes s'entassent bientôt sur les braises tandis que des plats de frites, de pâtes et de légumes sont disposés sur une table. À peine a-t-il crié « C'est prêt » que ce beau monde se bouscule avec son assiette.

Nous passons au bar récupérer une Beerlao puis nous rejoignons cette joyeuse bande. Si depuis le début de notre périple nous avons évité les routards, cette soirée peut être l'occasion d'un bon moment de détente entre compatriotes. Peut-être ferons-nous une belle rencontre comme celle des deux « vagabondeurs » Carla et Antoine quelques semaines plus tôt à Chiang Mai ? Et puis nous pourrons parler de la France, qui nous manque et du bonheur qu'apportent les voyages.

Assis sur un banc, nous commençons par écouter timidement le trio à notre gauche. L'homme est au Laos depuis trois semaines et débriefe son itinéraire. Louang Prabang a été son coup de cœur, avec « ses couchers de soleil tellement instagramables ». Il garde un super souvenir de Vang Vieng pour y avoir « descendu la rivière en rafting ». La femme qui lui fait face a été marquée par la sauvegarde des gibbons à Huay Xai, où elle a fait « un parcours en tyrolienne dans la forêt ». Maintenant, c'est la boucle de Thakhek à scooter.

Derrière nous, un *looper* – c'est ainsi que se surnomment ceux qui font la boucle à scooter – raconte avoir découvert la Sabaidee Guesthouse sur le blog d'Alex Vizeo : « C'est mon idole ce type. Moi aussi j'aimerais gagner ma vie en voyageant ! » Nous décidons de faire connaissance avec sa copine en lui demandant ce qu'elle préfère au Laos : « Rencontrer d'autres voyageurs, rouler à scooter tous ensemble, dormir dans des dortoirs puis finir les soirées par des tournois de pétanque. Et vous ? » Nous décidons de tenter notre chance auprès de nos deux voisines de droite. Nous nous tournons vers elles et captons leur conversation. « Ici, les locaux sont vraiment très gentils », dit la première, manifestement réjouie. « C'est vrai, moi je n'ai pas assez parlé aux locaux », répond l'autre. Elles partagent ensuite des *tips* sur le Cambodge et le Vietnam, vantant là encore l'hospitalité des « locaux ».

Voilà un mot que nous découvrons : les « locaux ». Nous l'entendrons maintes fois pendant le reste de notre voyage, à mesure que nous côtoierons des Français. Nous aurons chaque fois quelques minutes d'explication avec eux pour leur faire abandonner. Car ce mot ne veut absolument rien dire. Tout droit venu de l'anglais *local*, il s'est propagé comme un virus dans la bouche des francophones sans jamais que l'on s'interroge sur sa pertinence.

En français, il existe déjà des mots pour traduire l'anglais *local* : les habitants, la population et surtout les gentilés appliqués à chaque lieu. Au Laos, les Laotiens. Au Cambodge, les Cambodgiens. Ainsi de suite. Tandis qu'en français, des locaux, ce sont des bureaux ! À quel moment nous sommes-nous dit que ce terme qui qualifie un bien immobilier conviendrait pour parler des habitants d'un pays ? Difficile de faire plus déshumanisant. Quand il est prononcé devant nous ce soir-là, à la Sabaidee Guesthouse, nous ne pouvons nous empêcher d'entendre « les indigènes ».

Il est de bon ton de critiquer le tourisme de masse, mais le tourisme individuel – et individualiste – produit aussi ses aberrations. Pour les *loopers* de la boucle de Thakhek qui nous entourent, être routard est une mode avant d'être un mode de vie. Les pays d'Asie du Sud-Est sont un terrain de jeu exotique avant d'être une aventure humaine. Ils construisent leurs itinéraires sur les conseils avisés des « influenceurs ». Les paysages sont un décor. La nature, une attraction. Et les habitants, des « locaux » qu'on complimente avec la condescendance de l'être évolué. Cet état d'esprit ne s'explique pas par un manque de culture ou d'éducation. Les trentenaires qui partagent avec nous ce barbecue ont tous fait de bonnes études et ont de bonnes situations. Nous ne parlons pourtant pas la même langue. C'est paradoxalement entourés de Français que nous nous sentons le moins à notre place depuis le début de ce tour du monde.

XIV

« Rien de cassé ? »

Phak Nam, Cambodge, lundi 3 février 2020

Les gueules orange. Trois centimètres de terracotta *made in Cambodia* sur le visage. Les lèvres et les paupières recouvertes de boue sous l'action de la salive et des larmes. Nous arrivons d'un nouveau périple d'une soixantaine de kilomètres à scooter et c'est seulement dans les sanitaires d'un petit café que nous découvrons l'étendue des dégâts.

Nous retirons nos casques et même notre chevelure sauvage de *backpackers* n'a pas été épargnée par les grains de terre rouge. Nous sommes bons pour une bonne douche… et même plusieurs. Nous aurons besoin de trois à quatre jours pour nous débarrasser de cette matière devenue une seconde peau.

Il faut dire que nous l'avons vue de près, la terre rouge du Ratana Kiri, cette région orientale du Cambodge, protégée par son éloignement et par un réseau terreux qui empêchent toute invasion de touristes.

Une région dont la capitale, Banlung, est surnommée *dey krahorm*, la « terre rouge », par les Khmers. Nous avons bien Toulouse, la « ville rose », chez nous. Imaginez les briques de Saint-Sernin concassées au sol. La ville gasconne aurait des murs gris et un sol sablonneux rose-rouge. Vous obtenez Banlung. Autant vous dire que les Stan Smith blanches reçues au dernier Noël à Bangkok ont désormais une couleur inédite – nous devrions d'ailleurs proposer à Adidas cette version Ratana Kiri, on pourrait peut-être financer un second tour du monde.

Bref, nous voici dans ce pays de la terre rouge. La gueule nous permettant de passer inaperçus si on s'allongeait sur le sol. Des caméléons malgré nous car ce n'est pas simplement la poussière du trafic que nous avons mangée… Mais bien la terre elle-même, à la source.

Nous sommes tombés. Une sacrée mauvaise chute du côté de Phak Nam, un village à la frontière laotienne habité par une minorité cambodgienne. Nous venions de passer par Veun Sai, petite agglomération sans charme peuplée de Laotiens et de Chinois. Nous ne sommes plus en terre khmère mais bien dans ce genre de région du bout du monde, aux confins de trois nations, embourbée dans la terre, rougis jusqu'au plus profond de nos pores.

Un bac fait traverser toutes les quinze minutes les habitants du coin. Motos, chariots, pick-up, badauds… Tout y passe et tous franchissent la Tonlé Sap, seul point bleu avec le ciel dans cette immensité vermillon. On s'étonne de ne pas voir chavirer l'embarcation, chargée à bloc. La rivière a le calme des fureurs soudaines.

Nous poursuivons notre route à travers de petites forêts aux arbres trapus, à la recherche des villages tribaux perdus. Derrière les branchages se dressent des cabanes faites en bois et en tôle. Nous comprenons qu'il s'agit de tombes animistes. La veille, la statue fantasmagorique d'une femme nue nous avait accueillis au bord d'une cascade. Nous nous étions alors plongés dans les lectures des coutumes de ces tribus vivant ici au plus près de la nature, magnifiant la beauté du monde comme autant de dieux à honorer.

Pas question d'avancer davantage : seuls les membres de la communauté animiste peuvent pénétrer dans ce cimetière. Nous nous contentons de tourner autour pour l'observer à distance. Peu importe : nous touchons enfin du doigt le Cambodge profond.

Mais toujours aucune trace des villages tribaux. Plus de 30 kilomètres de piste terreuse et seulement une épicerie plantée au milieu de nulle part que nous doublons à une vitesse de pointe supersonique de 20 kilomètres à l'heure ! C'est à ce moment-là que nous faisons le mauvais choix :

celui de rejoindre la rivière à un kilomètre plus au nord pour espérer prendre un bac. Un petit kilomètre où notre tour du monde a failli basculer.

À la sortie de Phak Nam, notre piste entame une descente assez raide. On hésite à l'emprunter, elle est dans un état minable, mais on s'y engage. Lentement. Délicatement. À cette vitesse, nous nous disons qu'il ne peut rien nous arriver. Surtout que nous avons appris à manœuvrer un scooter, en décembre, sur les pistes chaotiques d'une île au large de la Thaïlande. Alors…

Soudain notre roue avant s'enfonce tout entière dans un trou de sable. Nous basculons tête la première pendant que la main droite de Pierre a un terrible réflexe : au lieu de quitter le guidon, elle met un brusque coup d'accélérateur.

C'est l'embardée. Nous partons tous les deux en vol plané au-dessus du scooter. Nous retombons brutalement sur le sol. Cette fois, le sable rouge du Ratana Kiri, nous le dévorons à grandes bouchées. Heureusement, nous avons nos casques ! Mais le choc reste violent. Nous sommes étourdis. Quand nous nous relevons enfin, nos regards se glacent en voyant la jambe droite de Pierre.

Son mollet gonfle à vue d'œil. Il a dû heurter un rocher. La peau s'étire comme nous n'aurions jamais imaginé qu'elle puisse le faire. Un vrai ballon de baudruche. Nous n'avons jamais vu ça. En un instant, il a doublé de volume. Les tissus sont tellement tendus qu'une cicatrice se dessine. Mais pas de sang, pas d'ouverture, la peau résiste dans toute son élasticité.

Moment de panique. Pierre semble sérieusement blessé, il va falloir l'emmener d'urgence à l'hôpital. Mais nous sommes véritablement au bout du monde, davantage qu'on ne l'a jamais été, loin de toute infrastructure et sans réseau téléphonique. Cet accident ne pouvait pas tomber à pire endroit.

Nous comprenons qu'il n'y a qu'une chose à faire : repartir au plus vite à scooter pour atteindre Banlung, à trois heures de là ! Matthieu démarre en trombe, remonte l'engin en haut de la côte, Pierre le rejoint à cloche-pied et prend la place passager. Nous gagnons Phak Nam et cherchons de l'aide, mais il n'y a rien ; pas même d'habitant. Nous poursuivons sur la route, sans nous poser de question, il faut avancer puis nous aviserons, quand surgit l'épicerie plantée en rase campagne. Cette fois, nous nous y arrêtons. Nous savons quoi demander.

Le patron nous tend immédiatement une bouteille d'eau. Nous lui montrons avec agitation la jambe de Pierre. Il nous renvoie un regard incrédule en haussant les épaules jusqu'aux oreilles. Nous tentons de lui expliquer que nous cherchons de la glace. Nous le lui disons en anglais, en français et même en cambodgien. Il ne comprend pas.

Nous coupons court aux politesses et ouvrons ce qui ressemble le plus à un congélateur. Bingo ! Un énorme bloc de glace de plusieurs dizaines de kilos. Tellement gros qu'il est impossible de le sortir ou de le déplacer. C'est à s'arracher les cheveux : la glace est là mais nous ne pouvons pas l'utiliser. Matthieu remarque alors une hache. Il la saisit comme un fou furieux. La famille cambodgienne a un brusque mouvement de recul. Il frappe de toutes ses forces dans le bloc. Une partie se fracasse. Il la ramasse et Pierre la place enfin sur son mollet.

Dix minutes plus tard, la jambe a retrouvé un volume normal. La cicatrice est toujours là, la peau est couverte de bleus, mais Pierre n'a plus mal. Il gardera une trace sur sa jambe longtemps après notre retour. L'adrénaline retombe aussi vite qu'elle est montée. Ne sachant trop comment remercier la famille, nous lui achetons trois bouteilles d'eau et nous faisons le plein.

Nous rentrons d'une traite à Banlung, en mettant moitié moins de temps qu'à l'aller, comme si la gravité du moment nous avait donné des ailes.

« Voilà la ville. On va à l'hôpital ?

— Non, ça va beaucoup mieux.

— D'accord. Alors on va manger une glace. »

Pierre adore les glaces. Nous nous asseyons au bord du lac de Banlung pour siroter une noix de coco givrée, soulagés de ne pas voir notre tour du monde se terminer par un rapatriement d'urgence mais marqués jusque dans notre chair par les sables rouges du Ratana Kiri.

Ce n'était pas la première fois que nous tombions à scooter. Déjà, sur le plateau des Bolovens, au Laos, avant de rencontrer nos « amis » *loopers*, nous avions glissé sur un caillou. C'est toujours surprenant de chavirer et de se retrouver sous la machine. Mais jamais comme lors de cette expérience cambodgienne, nous n'avions imaginé finir là notre tour du monde.

Nous connaîtrons néanmoins l'hôpital. Beaucoup plus tard. Le 24 décembre 2020. Une veille de Noël durant laquelle Matthieu nous a fait une belle frayeur. Pris d'un incontrôlable raidissement des muscles, nous avons immédiatement imaginé le pire. Un ami de notre âge venait de faire une crise cardiaque et les symptômes étaient similaires. Pierre sort en trombe de la douche et court, une serviette sur les hanches, à la réception de l'hôtel de Lima où nous devions passer ce deuxième Noël au bout du monde.

Il explique la situation : la panique permet de retrouver plus facilement les mots « cœur », « urgence », « ambulance » en espagnol. Le réceptionniste fait le nécessaire. Les ambulanciers arrivent au bout de dix interminables minutes et embarquent Matthieu. Mais avant d'être pris en charge, il faut que Pierre montre patte blanche : sa carte bleue. Même aux urgences, le système hospitalier péruvien, à l'image de ce qui se pratique dans l'extrême majorité des pays du monde, vérifie d'abord si l'on peut payer avant de procéder aux examens médicaux.

Pendant que Matthieu se fait ausculter, Pierre prévient l'ambassade, ne serait-ce que pour être rassuré sur la qualité de l'hôpital. Par chance, nous logeons à Miraflores, le quartier bourgeois de Lima. Les hôpitaux suivent généralement le niveau de vie du voisinage. Matthieu ressort quelques heures après. Encore un peu sonnés, nous sommes toutefois pleinement rassurés. Le médecin a pronostiqué un violent malaise vagal ou une crise d'angoisse. L'enchaînement entre les hauts sommets andins et la plaine a peut-être aussi joué un rôle. C'était spectaculaire mais sans gravité. Plus de peur que de mal, comme on dit. Nous allons pouvoir faire un WhatsApp vidéo avec Chantal et Olivier – qui ne sauront qu'à la lecture de ces lignes pourquoi leur fils a tardé à leur répondre ce jour-là – et, surtout, nous occuper des courses de Noël !

Les grands magasins de Lima grouillent de monde devant nous. Tels deux expats, nous partons chacun de notre côté pour trouver le ou plutôt les cadeaux qui feront plaisir à l'autre après cette journée où véritablement nous avons envisagé le pire. Le soir, comme des rois dans la ville des rois, seuls dans notre hôtel, nous installons une table à l'étage, dominant le patio. Des bougies, de belles assiettes, le traditionnel mousseux de Noël *made in Peru*, le panettone et, surtout, un gargantuesque plateau composé de fruits de mer ardûment dénichés : manger des saint-jacques tout juste snackées comme chez nous n'est pas du tout du goût des Péruviens.

L'un de nos plus beaux Noël, au bout du monde, tous les deux, après la plus grande frayeur de notre vie. Ça aurait pu être pire : au Noël précédent, nous avions failli atterrir en prison…

XV

Pourquoi devons-nous négocier avec notre voleur ?

Siem Reap, Cambodge,
mercredi 12 février 2020

« Reprenons depuis le début. Pourquoi avez-vous laissé des affaires de valeur dans le sac que vous avez mis en soute ? »

Il est 21 heures, nous sommes assis sur un banc dans un minuscule commissariat de la banlieue de Siem Reap, au Cambodge. Un officier de la police touristique nous demande pour la énième fois de répéter notre version des faits. Nous n'avons pas dîné, tout juste avons-nous pu obtenir un verre d'eau. Nous sommes épuisés par cet interrogatoire interminable qui nous place au rang des coupables. Pierre est malade comme il l'est habituellement en ces journées qui suivent ou précèdent son anniversaire…

Tout a pourtant commencé très simplement : un ticket de bus acheté à un revendeur dans l'avenue principale de Kampong Thom, ledit bus arrivé à l'heure dans lequel nous montons avec entrain après avoir déposé nos sacs en soute, l'arrivée trois heures plus tard dans la capitale patrimoniale du Cambodge et la promesse d'effleurer enfin du doigt les temples sacrés d'Angkor. Sauf qu'au moment de récupérer notre barda, nous sentons immédiatement qu'une chose cloche.

Nous l'avons dit : le sac à dos est au routard ce que la maison est au sédentaire. Une fermeture Éclair légèrement décalée, une poche un peu moins bosselée que d'ordinaire, une poignée de grammes disparus : en six mois de voyage, c'est devenu pour nous aussi flagrant que de retrouver sa porte d'entrée grande ouverte. Nous déposons aussitôt nos fardeaux sur le sol et nous les contrôlons d'un geste mécanique. Aucun doute, ils ont été fouillés. Rien n'est à sa place, nos vêtements sont repliés à la va-vite, des objets manquent. Notre sang ne fait qu'un tour. « File trouver la police. Je retiens le chauffeur ! », crie l'un d'entre nous. L'autre se rend au pas de course dans le bâtiment le plus proche pour obtenir de l'assistance. Il faut attendre une heure pour qu'un agent à l'uniforme débraillé débarque sur un scooter pétaradant.

Nous avons eu le temps de fouiller le bus puis la cabine du conducteur, de retrouver sous sa paillasse une de nos lampes frontales et un chargeur externe, de comprendre le pot aux roses : une trappe discrète qui relie son habitacle au compartiment à bagages. Il conduisait et n'a marqué que de courts arrêts lors desquels nous nous assurions comme d'habitude d'un coup d'œil par la vitre que nos sacs n'étaient pas déchargés par erreur. Rien ne nous avait paru anormal. Il n'y a donc qu'une possibilité : l'existence d'un complice qui auscultait minutieusement les affaires des passagers tandis que l'autre roulait. À voir les nombreux sacs à main et autres breloques dénichés lors de notre fouille, ce n'était pas un coup d'essai. Il s'agit d'un *modus operandi* qui, depuis longtemps, arrondit leurs fins de mois.

« Il fallait que cela tombe aujourd'hui... », lâchons-nous dépités. Car, pour la première et unique fois, nous avons laissé une partie de nos biens de valeur dans la soute. Dans une Asie du Sud-Est qui nous a peu à peu convaincus de sa bienveillance et de son honnêteté, nous venons de pécher par excès de confiance. Bilan : une tablette tactile et 300 dollars en liquide disparus, pourtant dissimulés entre des liasses de papiers sans intérêt. Cette somme devait nous dépanner dans le cas où nous nous ferions voler nos portefeuilles... Un comble.

Allez ensuite expliquer à deux officiers de la police touristique, dont la préoccupation manifeste est de maintenir les statistiques officielles de la délinquance au niveau zéro, que vous avez été victime d'un vol. « Êtes-vous certains de ne pas avoir oublié cette tablette et cet argent dans votre précédente chambre d'hôtel ? » Nous leur confirmons avec certitude ; ils dérangeront quand même leurs collègues de Kampong Thom pour vérification. « Êtes-vous certains que cette tablette et cet argent ne se trouvent pas toujours dans vos sacs ? » Bien qu'on les ait défaits et refaits cinq fois déjà, nous le ferons devant eux une sixième fois. « Êtes-vous certains que vous aviez réellement cette tablette et cet argent en votre possession ? » Que répondre à cela, si ce n'est plaider notre bonne foi ?

Trois heures s'écoulent avant qu'ils acceptent de prendre noir sur blanc notre plainte. Nous remplissons scrupuleusement chaque case du formulaire et détaillons au maximum le déroulement des faits. Au moment de la relecture, leurs sourcils se froncent, ils échangent un regard mi-embarrassé, mi-vexé. Nous n'en comprenons pas la raison. Ils se lèvent alors pour clore l'entretien.

« Merci messieurs. Nous vous invitons à revenir demain matin au commissariat central pour poursuivre les démarches.

— Merci à vous… mais pouvons-nous avoir copie de notre plainte ?

— Nous en reparlerons au commissariat central.

— Cette copie est indispensable pour notre assurance…

— Nous sommes désolés, ça n'est pas possible pour le moment. Faites-nous confiance, nous verrons cela demain. »

C'est comme si nous parlions à un mur. Difficile d'accorder sa confiance à un mur, tout comme de rester diplomate. Nous réitérons notre demande en montant le ton – nous oublions qu'engueuler son prochain est toujours une impasse en Asie, nous oublions aussi que nous faisons face à deux dépositaires de l'autorité publique d'un pays où nous sommes des étrangers. Ils gardent désormais le silence, rangent notre plainte dans une pochette et prennent la direction de leur voiture. Disons-le franchement, nous réagissons alors comme deux désespérés : en imbéciles. Nous décidons de les photographier afin de conserver une trace de cette entrevue surréaliste. Ils vivent ce geste comme une insulte qu'on leur aurait crachée à la figure. La porte de leur pick-up se referme froidement. L'un d'entre nous se place au niveau du pare-chocs arrière pour les empêcher de démarrer. C'est peine perdue : ils manquent de l'écraser. L'autre frappe la portière de sa main en leur hurlant de faire attention. Ils l'ignorent, manœuvrent et s'éloignent dans la nuit sombre. Nous voici seuls, fatigués et un peu tristes, sous le porche du commissariat.

Un coup de klaxon nous sort de l'abattement. C'est un expatrié français venu à notre rescousse. Face aux difficultés que nous avions à nous faire comprendre de la police locale, nous avions un instant envisagé de contacter l'ambassade de France à Phnom Penh avant de renoncer en jugeant notre souci trop futile pour le corps diplomatique. Nous avions en revanche envoyé un message à Florian, un représentant des Français de l'étranger au Cambodge que nous suivions sur Twitter. Il nous avait très vite répondu et, contre toute attente, il avait sollicité un de ses amis basé à Siem Reap pour qu'il vienne nous soutenir. C'est ce quadra barbu et rieur, aux faux airs d'aventurier des années 1980, qui arrive à présent. Devant nos mines défaites, il lance avec énergie : « Alors, il est où le voleur et ils sont où les corrompus ? J'ai tourné plus d'une heure pour vous trouver… Ce commissariat n'est sur aucune carte ! Allons, ne faites pas cette tête, tout va s'arranger. Ça commence toujours comme ça et ça se termine bien. » Après une tape dans le dos et quelques blagues qui détendent l'atmosphère, il nous passe au téléphone le consul honoraire de France qui entame la conversation en nous engueulant :

« Florian m'a prévenu du vol. Vous auriez dû me téléphoner avant même d'appeler la police !

— Nous ne voulions pas vous déranger pour si peu…

— C'est une connerie ! Au contraire, je suis là pour ça. Demain, je viens avec vous au commissariat central et on va régler cette histoire. »

Magie de la France qui possède aux quatre coins du monde un formidable réseau de soutien à ses ressortissants. Aucun autre pays ne peut s'enorgueillir d'une telle présence à l'international et d'une telle solidarité. C'est ainsi que nous nous retrouvons le lendemain matin devant les policiers avec un soutien de poids : le représentant de la France à Siem Reap. Le ton est désormais cordial et compréhensif. Les salutations durent même à elles seules une bonne demi-heure. Les échanges se font en khmer et non plus en anglais, ce qui les rend beaucoup plus fluides que la veille. Chaque phrase nous est ensuite traduite par le consul. « Ils ne voulaient pas vous donner copie de la plainte car vous avez indiqué qu'il s'agit d'un vol. Ça, c'est à l'enquête de le déterminer. Vous allez la réécrire en indiquant simplement que vos affaires ont disparu. » On comprend mieux leur départ fâché la veille au soir… Le consul se tourne à nouveau vers nous, mais avec un regard sévère : « Vous les avez pris en photo et vous avez tapé sur leur voiture ? » Nous lui expliquons comment le ton est monté et pourquoi nous avons perdu nos nerfs. « Ils en sont extrêmement vexés. Ils ont trouvé votre attitude impolie. Je vais leur souligner que vous avez perdu votre sang-froid et que vous regrettez vos gestes. » On ne sait pas bien ce qu'il leur dit alors, assurément bien plus que ce que notre orgueil aurait accepté, mais le résultat est là. « Ils vous pardonnent. On va enfin pouvoir entrer dans le vif du sujet. » Deux heures durant, nous réexpliquons le déroulement des faits et réécrivons la plainte, puis nous attendons dehors que l'interrogatoire du chauffeur se termine. On entend dans tout le commissariat la voix autoritaire qui le questionne dans une autre pièce. Voulant se montrer amical, un agent en uniforme vient nous voir et s'excuse pour l'attente : « Vous savez, maintenant, on n'a plus le droit de taper les accusés, alors les aveux prennent du temps... » On lui renvoie un sourire timide. Nous en profitons pour discuter avec le consul qui nous explique son quotidien. Il s'avère qu'en raison d'un accord diplomatique avec d'autres pays de l'Union européenne, il représente aussi les ressortissants d'une demi-douzaine de pays. Nous peinons à imaginer la diversité des affaires qu'il doit traiter ! Nous avons en tout cas beaucoup de chance : il s'en est fallu d'un cheveu pour qu'il soit absent, car il part cet après-midi en vacances.

En fin de matinée, l'officier sort d'un air triomphal : « Il a avoué ! » Nous ne passons plus à ses yeux pour des affabulateurs, notre version est confirmée. Il nous explique :

« Malheureusement, le voleur n'est plus en possession du butin. Son complice est parti avec.

— Vous allez le rechercher et l'arrêter ?

— Ça risque de prendre du temps. Ça va nécessiter des démarches. Vous n'êtes là que pour quelques jours...

— Que fait-on alors ?

— Le mieux serait que vous négociez avec le chauffeur pour décider avec lui de quelle somme il vous indemnisera. »

Négocier avec son voleur ! Nous avons du mal à dissimuler notre surprise. Nous comprenons néanmoins de cette discussion que c'est l'unique solution. On nous explique qu'approfondir davantage l'enquête nécessiterait d'enregistrer officiellement la plainte, d'embaucher un avocat, de solliciter un juge d'instruction… On nous parle d'un délai de plusieurs mois et d'un procès auquel nous aurions l'obligation d'assister. On nous laisse aussi entendre qu'il faudra mettre un peu d'argent dans les rouages pour que la procédure ne se perde pas dans les méandres de la bureaucratie. Le consul refuse d'orienter notre choix, plaide la neutralité, mais nous confirme que la démarche serait lente et complexe.

« Soit. Nous allons négocier », répond-on.

L'exercice n'est pas évident. Le voleur, désormais assis à côté de nous, est accablé. Nous avons du mal à soutenir son regard. Nous sommes tentés de penser qu'il a fauté avec de « bonnes » motivations : celle, par exemple, de subvenir aux besoins de sa famille. Le Cambodge est l'un des pays les plus pauvres d'Asie du Sud-Est… Les policiers et le consul nous voient fléchir et nous ramènent en un instant à la raison : laisser cet acte impuni, ce serait la porte ouverte à ce qu'il détrousse d'autres voyageurs. Alors nous couchons un montant sur le papier tandis que le voleur inscrit sa contre-proposition – inférieure de moitié à notre demande. Et nous marchandons comme s'il s'agissait d'un bibelot à acheter dans un souk. Une heure plus tard, nous pensons arriver à une somme convenable et sentons que le conducteur du bus ne pourra pas débourser un billet de plus, alors nous nous serrons la main en guise d'accord. L'officier donne au coupable une demi-journée pour réunir l'argent puis se tourne vers nous : « Je vous appelle à 16 heures. S'il a réussi, nous faisons la transaction. Si ce n'est pas le cas, il ira en prison et la justice fera son œuvre. » Nous remercions le consul, qui file attraper son avion, avec la promesse de le tenir informé du dénouement. Nous patientons ensuite à l'hôtel, trop fébriles pour nous promener, sentant que notre esprit a un impérieux besoin de digérer ces mésaventures.

À l'heure dite, le téléphone sonne. « Il lui manque l'équivalent de 5 dollars. Est-ce que vous concluez quand même l'accord ? » Bien entendu ! L'écart est dérisoire et nous sommes pressés d'en finir. Au commissariat, le voleur aligne un à un les billets sur la table, le policier les recompte, nous les remet puis nous demande de les compter à notre tour. D'un geste théâtral, il déchire ensuite notre plainte. Les statistiques de la délinquance sont sauvées ! Il nous fait à la place signer ce qui s'apparente à un accord amiable ; à vrai dire, nous n'y comprenons rien, le document est écrit en khmer et le consul n'est plus à nos côtés pour traduire. Le chauffeur de bus repart libre, à pied le long de la route principale, l'avenue Charles-de-Gaulle, qui dessert aussi les temples d'Angkor.

« Affaire résolue », nous lance sans rire l'officier. Nous restons muets devant son aplomb ; les seuls mots qui nous viennent seraient bien trop désagréables à son oreille. « À présent, j'ai deux choses à vous demander, poursuit-il. D'abord, comme nous vous avons donné satisfaction, nous serions heureux de recevoir un don de votre part. » Devant notre silence, il tente un instant d'étayer sa suggestion :

« Cela nous permettrait d'acheter du café par exemple. » Nos visages vides le convainquent de passer sans délai au second point. « Par ailleurs, le commissaire voudrait faire une photo avec vous. » À cela, nous n'échapperons pas, tant on nous fait comprendre que c'est affaire de politesse. Un coup de fil au bureau voisin et voilà le patron du commissariat central qui débarque tout apprêté dans son uniforme d'apparat, les médailles bien en vue sur le poitrail. Il nous invite à l'accompagner sur le perron devant l'immense logo de la police, son subalterne faisant office de photographe. « Prenez l'argent dans une main. Mettez-le en éventail. Qu'on le voit bien. Venez plus près de moi. Souriez. Montrez-vous réjouis », nous dicte-t-il en habitué de la mise en scène. Avant de nous quitter, il tient à nous faire admirer le couloir décoré de dizaines de photos d'Occidentaux qui arborent à ses côtés la même pose satisfaite. Nous découvrirons plus tard que ces clichés sont aussi diffusés sur les réseaux sociaux. La police de Siem Reap, soucieuse de son image, a créé sa propre page Facebook où elle valorise les « affaires résolues ». Elle y jette aussi en pâture les coupables, affichés à visage découvert, les menottes aux poignets. Une communication décomplexée qui fait, au Cambodge, la joie du grand public.

Nos parents n'avaient pas complètement tort en nous prévenant des risques de ce voyage. Même en respectant les règles, on voit qu'un voyageur finit souvent par se frotter à la police locale. Qu'on soit victime ou coupable, c'est toujours un moment désagréable à passer, de ceux où l'on regarde benoîtement ses pieds après avoir rangé son ego dans sa poche.

Notre première mésaventure policière intervint en Thaïlande, en décembre 2019, dix semaines avant le vol de Siem Reap. Nous avions traversé quatre pays sans encombre. Au lieu de nous en réjouir, il est probable que nous avions acquis une réelle impatience de l'adversité. Nous n'avions pas l'impression d'avoir fait pleinement nos armes de routards. Notre tempérament de Latins trouvait ce périple trop simple pour être glorieux. L'occasion de corriger cet état de fait s'imposa à nous lors d'une halte à Sam Roy Yot, au centre du pays. Nous étions alors accompagnés de Chantal et Olivier, dont nous nous disons avec le recul que nous aurions sûrement pu leur épargner cet esclandre. Ils avaient proposé de nous suivre trois semaines jusqu'à Noël, nous demandant expressément de ne « rien changer » à nos habitudes de voyage. « Nous voulons vivre avec vous comme vous vivez d'ordinaire », avaient-ils plaidé. Nous les avions pris au mot et c'est avec leurs sacs à dos qu'ils nous avaient retrouvés un soir à la sortie de l'aéroport international de Phuket. Ils les portaient depuis avec abnégation, du lever au coucher du soleil, parfois sur des kilomètres, sans jamais se plaindre des efforts que cela leur imposait. Nous leur avions fait tester la cuisine de rue – y compris la célèbre salade piquante de papaye verte –, le réveil à 4 heures du matin pour attraper un train aux banquettes en bois, la randonnée dans une jungle tropicale truffée de serpents et de chiens errants, et même une traversée en barque sous un violent orage doublé de trombes d'eau. Ils tenaient bon. Pour leur premier séjour en Asie, eux méritaient déjà à nos yeux leur diplôme d'aventuriers.

À Sam Roy Yot, nous avions atterri dans un hôtel bon marché tenu par un expatrié allemand. Le genre de bonhomme en apparence jovial mais dont on se dit qu'il ne faut pas l'emmerder. À la réception, on pouvait lire sur un écriteau : « Je porte un flingue car c'est plus simple que de porter un flic. » Nous en avions ri. On pense aujourd'hui que la phrase était à prendre au premier degré. Nous lui avions loué deux scooters pour rejoindre l'entrée du parc naturel située à 20 kilomètres de là. On prévoyait de partir tôt pour randonner à la fraîche dans les montagnes qui bordent la mer. Comme toujours en Asie, cette location avait été d'une simplicité déconcertante. On ne vous demande aucun justificatif, pas même si vous savez conduire. Tout se fait bien entendu sans assurance. Au conducteur de ne pas avoir d'accident ou d'en assumer seul les conséquences.

Le jour J, nos bolides nous sont remis avec une bonne heure de retard. Sans s'excuser pour l'attente – « C'est comme ça les horaires en Thaïlande… », avait-il justifié crânement –, il nous annonce que les réservoirs sont vides et qu'il nous faut d'abord passer à la pompe. Une fois la bouteille de carburant achetée, nous nous mettons en chemin. Il est 10 heures. Sauf que nous n'avons pas parcouru 5 kilomètres que le pneu arrière du scooter des parents explose d'un « bang » sonore. Olivier freine, garde heureusement le contrôle ; ils ne sont pas blessés. Nous appelons le loueur à l'aide et patientons encore une heure avant que l'on nous conduise à un garage. Pour le réparateur, aucun doute : c'est un défaut technique qui était à l'origine de l'accident, la chambre à air était trop grande pour la roue et de surcroît trop gonflée. Nous attendons une heure de plus que l'on nous apporte un nouveau bolide. Autant dire que nous finissons par couper le programme à la hache : nous ne parvenons au parc qu'à midi passé alors que les gardes champêtres ferment les chemins à 15 heures. La randonnée est belle mais bien trop courte.

De retour à notre hébergement, nous nous attendons à ce que le propriétaire des lieux vienne prendre des nouvelles et s'excuse pour le véhicule défectueux. C'est tout l'inverse. Il nous évite tout le reste de la soirée, disparaissant dans sa réserve chaque fois que nous venons à l'approcher. Qu'à cela ne tienne : le lendemain, jour de notre départ, nous devons régler la location des scooters, cette fois il ne pourra pas se dérober.

Pourquoi devons-nous négocier avec notre voleur ?

Le bougre trouve encore la parade en nous envoyant au petit-déjeuner une de ses employées qui ne parle que le thaï. Elle dépose la facture sur notre table entre le pancake et le jus d'orange. Nous lui expliquons tant bien que mal ne vouloir régler que la moitié du montant, notre location d'une journée s'étant résumée à trois heures en raison de la roue défectueuse. Elle repart aussitôt vers son patron, la mine inquiète. Il est assis à l'autre bout de la salle, dégustant goulûment des saucisses et des œufs brouillés. Il pose ses couverts et on l'entend soudain crier : « Des mauvais payeurs ! J'appelle la police ! » Sidérés par son emportement, nous allons vers lui pour avoir enfin la discussion qu'il fuit depuis la veille, mais il a déjà joint l'acte à la parole. Nous comprenons que c'est peine perdue : il veut, quoi qu'il arrive, aller au combat. C'est ainsi que nous sommes confrontés pour la première fois à la police.

Tandis que nous attendons la maréchaussée, il décharge sur nous un flot ininterrompu de menaces : « Vous allez voir comment on traite les gens comme vous. Ils vont fouiller vos bagages, saisir vos passeports. Vous serez expulsés de Thaïlande. Vous serez interdits à vie de revenir dans le pays. » Si sa réaction et ses propos paraissent excessifs pour un différend financier qui n'équivaut qu'à quelques euros, nous ne pouvons écarter l'idée qu'il dit peut-être vrai. La Thaïlande est dirigée par une junte militaire connue pour ouvrir grand les bras aux touristes occidentaux, mais n'expose-t-elle pas aussi à des décisions arbitraires ? En 2020, un Américain s'est bien retrouvé poursuivi en justice par un hôtelier pour l'avoir critiqué sur TripAdvisor ; il encourt deux ans de prison ferme pour « atteinte à l'honneur »… Nous imaginons les parents reconduits *manu militari* à l'aéroport et nous à la frontière birmane. Nous sommes à trois jours du réveillon de Noël. Venons-nous de gâcher bêtement les festivités en tenant tête à ce Germain ?

Deux agents de la police locale débarquent dans un pick-up. Un petit rond et un grand mince, le gentil et le méchant, les flingues à la ceinture et les regards dissimulés par des lunettes de soleil. Nous racontons notre version puis notre logeur la sienne. Ils se concertent de longues minutes avant d'avouer n'avoir aucune idée de la façon de nous départager. Ils décident donc de demander du renfort. Nouveau pick-up et nouvelle audition, cette fois devant un gradé de la police touristique au costume cintré. Nos récits terminés, il se tourne vers ses deux collègues avec l'air de leur dire : « Vous m'avez dérangé pour ça ? » C'est à leur tour de regarder leurs pieds. Il ne propose néanmoins aucune solution et tout le monde retourne s'asseoir de son côté. C'est la négociation qui nous sort de ce mauvais pas. Nous proposons de payer deux tiers du prix de la location et non plus la moitié. L'Allemand campe encore quelque temps sur sa position, mais finit par céder sur l'insistance des officiers désormais pressés de rentrer à leur bureau. Ni fouille des sacs ni saisie des passeports. Nous pourrons fêter Noël à Bangkok entourés de nos proches comme cela était prévu, mais cela nous a vaccinés de toute envie de côtoyer la police !

Elle nous rattrape pourtant, à Siem Reap mais également bien plus tard, en Amérique latine, où elle n'est pas aussi arrangeante, ni toujours aussi honnête. En Colombie, elle voit souvent l'occasion de ramasser un pot-de-vin. On appelle ça la *coima*, les Colombiens en sont les premières victimes. Ainsi, à Carthagène, nous nous faisons attraper une nuit de décembre 2020 par une patrouille volante. Nous avons descendu plusieurs pintes sur la place de la Trinidad. En route pour les remparts qui bordent la mer des Caraïbes, l'un d'entre nous – nous tairons son nom – décide de faire un arrêt contre une palissade de chantier pour uriner. Une bien mauvaise idée. Il y a une caméra de surveillance postée en hauteur ; l'alerte est aussitôt donnée et un gyrophare fend l'obscurité. Deux motards nous plaquent contre le mur pour une fouille musclée avant de dresser un procès-verbal. Nous faisons amende honorable puisque nous nous savons en tort. Au moment de régler, « la douloureuse » porte bien son nom : « Vous devez 936 320 pesos », annoncent-ils. Cela représente 207 euros, une fortune ! C'est presque le double de ce que l'on paie à Paris pour la même infraction, dans un pays où le salaire médian est pourtant six fois inférieur à la France. C'est là que réside la combine. Ces montants astronomiques, que l'immense majorité des Colombiens est incapable de payer, donnent à certains officiers prétexte à s'arranger avec les coupables en négociant un dessous-de-table, la fameuse *coima*. C'est ce qui nous est proposé cette nuit-là. Nous payons 200 000 pesos, soit une quarantaine d'euros. « Un Colombien aurait pu s'en tirer pour 100 000 pesos », fanfaronne l'un de nos acolytes retrouvés sur les remparts, « mais les Occidentaux ont la réputation d'être riches ».

Au Paraguay, que des habitants que nous avons rencontrés aiment qualifier de « pays le plus corrompu au monde », des agents de la police de la route ont fait de la *coima* une taxe automatique. En mars 2021, à la sortie de San Bernardino, notre véhicule de location est stoppé pour un contrôle de routine. Nous étions ce jour-là en compagnie de Nadia, l'infirmière niçoise. L'homme inspecte les pneus, la carrosserie, les ceintures, les feux. C'est bon, il a trouvé : « Vous avez allumé les veilleuses au lieu des codes. » Le pays impose de rouler avec les phares même en pleine journée, nous pensions qu'il s'agissait des feux de position. « Cela devrait vous coûter 470 000 guaranis [58 euros] mais nous allons trouver un arrangement », annonce-t-il d'une traite. Nous sentons l'arnaque, nous râlons un peu, jusqu'à ce que son chef arrive : c'est pour nous l'espoir qu'il remette les choses en ordre. Après un court échange avec son subordonné, il se tourne vers nous et nous déclare : « Vous savez, si ce n'est pas nous, ce seront nos collègues un peu plus loin. Alors autant trouver un arrangement. » Nous nous en sortons pour une vingtaine d'euros qu'ils se partagent. Au moment de partir, l'officier nous salue chaleureusement puis brandit son téléphone, nous glissant sur le ton de la confidence amicale : « Regardez, on a une boucle WhatsApp avec les autres policiers de la route. Je viens de leur envoyer votre plaque en leur disant qu'on vous a déjà arrêtés. Maintenant vous pouvez rouler tranquille jusqu'à Asunción. Plus personne ne vous embêtera ! » On apprécie le geste…

Oui, se frotter à la police en voyage n'est jamais un moment de plaisir. Néanmoins, cela fait partie des expériences qui méritent absolument d'être vécues dans ce qu'elles sont uniques et par là même inoubliables. Le temps aidant, on apprend à les relativiser et à en rire. Surtout, au retour, on prend mille fois sa revanche en les racontant à ses proches. Selon l'humeur, on se pare tantôt de la cape blanche de la victime outragée, tantôt de la solide armure du chevalier qui a combattu à mains nues l'injustice. Tout ce qui nous a manqué de fierté sur l'instant est compensé par le récit triomphal rapporté ensuite.

XVI

« Deux récoltes par an »

Hoi An, Vietnam, dimanche 8 mars 2020

Si notre cœur nous fait préférer Louang Prabang au Laos, force est de reconnaître que la ville de Hoi An est aussi l'une des perles de l'Asie du Sud-Est. Posées sur des îlots de la rivière Thu Bon au centre du Vietnam, ses maisons aux façades jaunes et aux toits de tuiles rouges paraissent avoir échappé au temps. Ce n'est pas totalement faux, puisque cette cité doit à l'oubli des hommes le fait d'être encore intacte. Point de ralliement des commerçants de la mer de Chine au XVe siècle, elle se voit abandonnée à la fin du XVIIIe siècle en raison de l'ensablement de l'estuaire qui rend la navigation impossible. L'activité se déporte plus au nord, à Da Nang qui devient la capitale économique de la province, une métropole maintes fois déconstruite et reconstruite au gré des révolutions industrielles et désormais marquée par les gratte-ciel. Hoi An a su prendre sa revanche : au milieu du XXe siècle, le nouvel intérêt du monde pour le patrimoine, couplé à l'émergence du tourisme, la replace au centre des attentions. Elle est aujourd'hui l'une des villes les plus visitées du Vietnam.

En ce début mars 2020, nous la parcourons dans un contexte très particulier. Si le Covid-19 n'est encore à ce stade qu'une « épidémie », l'Asie vit déjà au rythme des restrictions sanitaires. Les ressortissants chinois ont interdiction de quitter leur territoire, tout comme les Coréens et, depuis peu, les Thaïlandais. Ils représentent à eux trois l'immense majorité des touristes habituellement présents à Hoi An : la ville d'ordinaire surfréquentée est donc presque déserte. Si nous sentons l'orage qui gronde au-dessus de nos têtes, nous apprécions encore avec une certaine insouciance d'avoir ce chef-d'œuvre architectural rien que pour nous, d'autant que son avenir paraît des plus fragiles.

Si Hoi An doit sa survie à un phénomène naturel, c'est aussi un phénomène naturel qui pourrait bientôt causer sa perte. À l'heure du dérèglement climatique, la mousson devient de plus en plus violente et la ville est presque chaque année assaillie par les eaux. Ce sont des flots incontrôlables qui envahissent l'intérieur des maisons, balaient le mobilier, rongent les fondations. Les autorités font tout leur possible pour limiter ces crues dévastatrices, mais la bataille semble perdue d'avance face aux éléments qui se déchaînent.

« Deux récoltes par an »

Combien de fois, pendant ce tour du monde, avons-nous eu le sentiment de découvrir des sites bientôt amenés à disparaître ? À Allepey, en Inde, c'est encore la mousson qui fait des ravages. Les marais débordent allègrement sur les champs qui les entourent, les paysans n'ont de cesse d'empiler des sacs de sable et de reconstruire leurs habitations en les plaçant sur des pilotis toujours plus haut. Ainsi peut-on voir côte à côte l'ancienne maison basse laissée à l'abandon et la nouvelle surélevée. Avec les terres gorgées d'eau, les moustiques prolifèrent et les maladies avec. Mais quand nous interrogeons l'un des hommes qui vit ici sur la gravité de la situation, c'est au contraire avec optimisme qu'il nous lance : « Avant, il arrivait qu'on meure de faim. Aujourd'hui, avec toute cette eau, nous pouvons faire deux récoltes de riz par an ! » Que lui répondre ? Dans le même temps, 1 000 kilomètres plus au nord, la ville de Jaisalmer craint l'avancée du désert. Ses nappes phréatiques peinent de plus en plus à se reconstituer, au point qu'on fait arriver par tuyau de l'eau de l'Himalaya. Au cœur de la cordillère Blanche, au Pérou, nous touchons du doigt le Pastoruri, l'un des derniers glaciers andins. Bien qu'il trône à 5 200 mètres d'altitude, sa fin est proche. Il recule de plusieurs mètres chaque année. Tandis que nous descendons du col, nous tombons au loin sur un panneau planté dans la caillasse : « Le Pastoruri arrivait ici en l'an 2000 ». Les scientifiques prédisent sa disparition complète d'ici vingt ans.

Dérèglement climatique d'une part, pression de l'homme d'autre part. À la frontière du Pérou et de la Bolivie, nous avons la chance d'entrevoir une famille de loutres géantes : elles ne sont plus que quelques milliers à l'échelle de tout un continent. Mais à une vingtaine de kilomètres seulement, la forêt amazonienne est dévorée par un gigantesque campement de chercheurs d'or qui rejettent à haute dose mercure et cyanure dans la rivière. En Birmanie, le célèbre lac Inle étouffe quant à lui sous la triple pression de l'agriculture, de la pisciculture et de l'introduction incontrôlée de la jacinthe d'eau. Il paraît condamné à devenir une vaste étendue de vase.

N'est-il pas contradictoire de s'alarmer de ces situations tout en faisant le tour du monde ? C'est une question que nous nous sommes plusieurs fois posée. Tout comme nous polluons dans notre vie quotidienne, nous polluons en voyageant. Le voyage relevant du loisir, ne devrait-on pas s'en abstenir pour sauver la planète ? À chacun d'apporter sa réponse. Notre conviction est qu'il serait bien triste et périlleux de rester demain tous enfermés chez soi – rencontrer l'autre est indispensable pour le comprendre. Le voyage est à nos yeux l'un des premiers vecteurs de paix. Il existe en revanche un chemin pour des voyages plus durables et responsables. Nous ne parlons pas ici de s'armer d'une brosse à dents en bambou ou d'un shampoing solide : ils donnent peut-être bonne conscience à certains, mais ils pèsent des cacahuètes en comparaison de nos émissions liées au transport, à l'hébergement et à la nourriture.

Le premier geste que nous avons essayé de faire dans ce tour du monde a été de réduire drastiquement notre recours à l'avion. Pour cela, nous avons privilégié un itinéraire géographiquement cohérent et ramassé : deux continents plutôt que trois ou quatre, le maximum de pays limitrophes pour franchir les frontières par voie terrestre, un tracé linéaire. En Asie, nous n'avons pas pris l'avion pendant cinq mois, passant à pied de la Birmanie à la Thaïlande, au Laos, au Cambodge puis au Vietnam. En Amérique latine, il est tout aussi possible d'aller de la Colombie au Pérou, puis à la Bolivie. La frontière avec l'Argentine était fermée ? Nous avons rejoint en auto-stop le Paraguay et avons poussé en van jusqu'au Brésil.

Notre parcours à travers quatorze pays peut se faire en ne prenant en tout et pour tout que sept vols. Ce n'est pas qu'une bonne nouvelle pour la planète, ça l'est aussi pour le portefeuille. Nous n'avons dépensé que 2 000 euros d'avion chacun. Ce qui vaut pour l'avion vaut évidemment aussi pour les transports privatifs. En utilisant autant que possible le bus, le train, les *colectivos*, les tuk-tuks partagés plutôt que de louer une voiture ou de recourir au taxi, nous avons là encore réduit nos émissions carbone tout en faisant des économies.

Le deuxième geste, c'est l'hôtellerie. Lavage des draps et des serviettes, produits à usage unique, climatisation : nous n'imaginons pas à quel point cette industrie pollue. Voyager à petit prix règle en partie la question. Lorsque nous privilégions des chambres d'hôtes ou des auberges de jeunesse, cela induit bien moins de rejets sur l'environnement que dans un étoilé ! Sur ce point, il est d'ailleurs probable que nos émissions en tour du monde se soient avérées plus faibles qu'avec notre appartement parisien tout équipé. Enfin, il y a l'alimentation. Les bonnes pratiques dans ce domaine sont les mêmes en voyage que dans la vie quotidienne : privilégier les circuits courts, réduire les quantités de viande, etc. L'Inde, pays végétarien par excellence, où nous avons commencé notre voyage, nous a aidés à acquérir de bons réflexes. À l'inverse, l'Amérique latine, férue de grillades, nous a rendus un peu moins raisonnables… Exception faite de quelques pulsions pour le fromage et le vin français, nous n'avons consommé pendant dix-huit mois que des produits locaux, la plupart du temps cultivés à quelques kilomètres, si ce n'est quelques mètres de l'assiette. Tristement, la tâche s'avère beaucoup plus ardue depuis notre retour dans l'Hexagone…

XVII

« On peut avoir un peu plus de poulet ? »

Osaka, Japon, mardi 17 mars 2020

Lorsque vous arrivez dans un nouveau pays, il y a deux choses qui ne trahissent jamais l'état d'esprit global de ses habitants. La première est le comportement des animaux domestiques. Aussi surprenant que cela puisse paraître, nous avons remarqué au cours de nos différentes étapes que lorsque les chiens errants sont agressifs, les habitants le sont également entre eux. Au contraire, lorsque nous sommes suivis par des toutous curieux, il est tout à fait permis de se dire que les humains sont aussi attachants.

C'est une réalité qui nous a sauté aux yeux au fur et à mesure de notre tour du monde : les chiens des rues calquent leur comportement sur celui des êtres humains. Ces vagabonds à quatre pattes sont souvent issus de croisements impromptus, ils doivent le plus souvent se débrouiller par eux-mêmes et sont couverts de puces. Mais Matthieu s'est vite attaché à leur mode de vie si bien que, depuis, il rêve de passer une journée avec une meute de chiens. Et s'il avait le choix, il préférerait être accompagné par des cabots boliviens que par des dogues birmans…

En Bolivie, par exemple, il n'y a pas une ville de l'Altiplano sans ses niches pour toutou sans-abri. Que ce soit à La Paz, à Potosí ou à Sucre, la plupart des commerçants et des particuliers installent des petites cabanes individuelles sur le trottoir pour ces animaux qui n'appartiennent à personne et à tout le monde en même temps, que se partagent joyeusement les enfants de tout un quartier. Des gamelles avec de l'eau et même parfois des restes de nourriture ou des croquettes sont placées à même le sol. On retrouvera cette tradition au Brésil, notamment. Et chaque fois notre théorie se vérifiera : Boliviens comme Brésiliens sont des personnes prévenantes et adorables.

Le niveau de vie n'influe pas sur le comportement que l'on peut avoir envers les animaux. En revanche, plus nous montons en termes de PIB, plus les boutiques spécialisées se multiplient. Rares sont les vétérinaires au Laos. Au contraire, en Thaïlande, il est déjà plus aisé de trouver une clinique pour animaux. Alors, au Japon, vous pouvez imaginer : pas une rue sans sa boutique d'accessoires pour chiens, pas un centre commercial sans son espace de relaxation où l'on peut caresser non seulement nos amis à poil mais aussi des hérissons ou des chouettes, pas une artère sans son bar à chats.

L'autre indice qui ne trompe pas, c'est le rapport à la nourriture. Là encore, le niveau de vie n'entre pas en jeu. Mais comme pour les animaux, un pays qui prend le temps de manger et qui aime ce moment de partage est un pays dans lequel on ne peut que se sentir bien.

Nous débarquons au Japon le 17 mars 2020. À l'aéroport d'Osaka, alors que nous troquons nos shorts et tee-shirts pour des jeans et des sweats, nous écoutons l'allocution d'Emmanuel Macron annonçant le confinement général de la France. Depuis quelques jours déjà, cela ne faisait plus trop de doute : les bars et les restaurants avaient fermé, les élections municipales venaient de se tenir dans un contexte pesant, nous-mêmes recevions des appels toujours plus tendus de la part de nos familles. Le Japon, de son côté, nous accueille à bras ouverts : « Bon sens du timing ! », nous envoie l'ambassade de France. Deux jours plus tard, l'archipel ferme ses frontières aux étrangers.

L'Empire est une bulle : le Covid est loin, sur le continent, c'est en Chine, ici nous sommes à l'abri. Les drapeaux olympiques sont hissés – le Japon doit accueillir le monde entier dans quatre mois à peine –, les cerisiers sont en fleur, les parcs rouvrent leurs portes, les adolescents se promènent en kimono et enchaînent les selfies… C'est partout l'effervescence.

C'est dans ce tourbillon que nous gagnons Osaka. La troisième ville du Japon est avant tout la capitale incontestée de la gastronomie. Elle grouille de partout : les étudiants sont en vacances et les employés de bureau slaloment plus qu'à leur habitude pour ne pas les percuter dans la rue. En costumes impeccables (mais souvent mal taillés), ils traversent les avenues à marche forcée, avec pour seule obsession d'arriver au bureau à la minute exacte à laquelle ils sont attendus. La politesse japonaise ne souffre d'aucun retard mais d'aucune avance non plus. Tout juste s'aèrent-ils à midi pour acheter leur déjeuner : des stands miniatures sont installés devant les immeubles, proposant des bentos en forme de panier-repas, puis démontés sitôt après, toujours avec une rigueur et une efficacité qui frisent le délire.

Heureux d'être arrivés dans cette bulle où tout pulse sans se bousculer, où tout semble réglé comme du papier à musique, où la moindre chambre d'hôtel est tellement *kawai* avec ses pyjamas sur le lit et ses toilettes chauffantes, que nous nous lançons à l'assaut de la gastronomie japonaise sans plus attendre.

Nous testons d'abord les *taiyaki*, ces petits beignets chauds en forme de poisson fourrés au haricot rouge sucré. Les adolescents en raffolent. On en achète à des stands dans la rue. Ce n'est pas Noël mais les températures sont hivernales. Le *taiyaki* sera notre bretzel nippon.

Nous traversons le pont Ebisu dominé par les immeubles années 1980 alignés le long du canal, avec leurs centaines d'enseignes phosphorescentes, leurs écrans publicitaires comme à Time Square et la grande roue du grand magasin Don Quijote. Les stands de *street food* sont omniprésents et on tente une nouvelle expérience culinaire en achetant une barquette de *takoyaki* : des boulettes de poulpe cuites dans des moules à gaufres, que l'on recouvre de bonite séchée, de mayonnaise et de sauce *otafuku*.

Premier enseignement par la nourriture : au Japon, on mange directement au stand ce qui évite de perdre ou de jeter un papier gras dans la rue. D'ailleurs, il n'y a pas de poubelle en ville. Alors, quand on a fini, on laisse sa barquette vide sur le comptoir. Ainsi, les rues japonaises ne sont pas nettoyées : elles ne sont en fait jamais sales. Et si par malheur vous vous retrouvez avec un déchet entre les mains, vous devez le rapporter chez vous.

Dans le quartier de Shinsekai, temple de l'architecture rétrofuturiste, nous découvrons les bars avec formule « alcool à volonté ». La société japonaise, aussi mignonne en apparence soit-elle, est en fait très dure. Le regard que portent les Japonais les uns sur les autres est étouffant. Alors, pour casser la routine métro-boulot-dodo, chaque soir, les employés se faufilent à travers ces bars où ils peuvent descendre des dizaines de canettes de bière à un tarif compétitif. L'alcool est d'ordinaire très cher dans l'archipel. Les bosseurs-noceurs se couchent immédiatement après leur cuite, vers 20 ou 21 heures. Ils repartiront le lendemain au bureau puis boiront de nouveau le plus vite possible pour avoir la sensation de se décontracter. Et ainsi de suite, jusqu'à leur retraite. S'ils y arrivent…

La tristesse de ces classes moyennes japonaises se retrouve également dans les restaurants économiques, sortes de fast-foods, où l'on ne mange pas uniquement des burgers mais des plats plus élaborés et pas chers, engloutis en seulement quelques minutes. Nous nous sommes habitués assez vite à ces chaînes omniprésentes dans les centres-villes. Nous jetons notre dévolu alternativement sur Sukiya, Matsuya et Yoshinoya. Le menu de base est souvent composé d'un bol de riz recouvert de lamelles de bœuf mariné et d'oignons : le *gyudon*. C'est sain et délicieux.

Ce qui frappe dans ces restaurants, c'est le nombre de jeunes gens, surtout des hommes, qui dînent seuls devant leur téléphone portable. Nous mangeons d'ailleurs le plus souvent à un comptoir, sans nous faire face. Quand on est deux, on est donc assis côte à côte. En quelques minutes, le bol est dévoré. Chacun repart chez soi. Difficile de trouver une copine dans un pays encore très patriarcal et toujours très regardant sur le statut social du prétendant. Un garçon doit avoir avant tout réussi ses études et trouvé un bon travail avant de commencer à fréquenter une jeune fille. Les heures de bureau sont prenantes, sans compter le zèle dont on doit faire preuve pour se démarquer vis-à-vis du patron. Nous comprenons mieux pourquoi la plupart des restaurants japonais sont pleins de ces jeunes gens en costume bon marché dînant seuls chaque soir devant des vidéos YouTube…

Il n'en reste pas moins que nous enchaînons les surprises culinaires. Nous mettrons du temps mais nous comprendrons comment les restaurants affichent discrètement s'ils sont ouverts ou fermés. Lorsqu'on voit des demi-rideaux tomber du haut de la porte, c'est que le restaurant est ouvert. Nous entrons ainsi dans un recoin mi-intérieur mi-extérieur du côté de Sennichimae, le centre tortueux d'Osaka, l'antre de la bonne bouffe. Un petit monsieur est là, derrière sa plaque de métal qui recouvre un feu. Il ne parle pas anglais, nous fait signe de nous asseoir. Il n'y a que deux tabourets. Il sort deux assiettes, pose délicatement un dôme de riz, nous propose du saké et commence à faire cuire des petits morceaux de bœuf sur la plaque en fonte. La viande servie telle quelle est un délice absolu ; nous la dégustons comme si nous n'avions jamais mangé de bœuf de toute notre vie. Kobe est la banlieue d'Osaka. Nous venons de faire connaissance avec la meilleure viande du monde.

Impossible de raconter toutes les nourritures dégustées au Japon. On est loin des quelques choix de sushis et makis des restaurants japonais de Paris. En trois semaines d'expédition, nous n'avons jamais mangé la même chose. Tout est cuisiné du riz à la ciboulette, du poisson à la soupe, du bento au curry. Le curry c'est quand même une surprise : alors que tout est toujours très délicatement présenté, le plat de curry japonais est probablement le plus moche que nous ayons vu de tout notre tour du monde. Il s'agit d'une assiette à moitié recouverte de riz et l'autre moitié dégoulinante de sauce mi-marron mi-jaune. C'est assez peu ragoûtant mais toujours présenté de la même manière. Et les Japonais en raffolent !

Et nous, nous adorons manger dans des petits restaurants japonais où nous ne comprenons rien à la carte. Même nos applis de traduction simultanée sont perdues : les menus sont le plus souvent écrits à la main, ce qui ne facilite pas la détection de la langue par l'intelligence artificielle de nos portables. Au pays de Sony, il est étonnant – et réconfortant – de trouver encore aujourd'hui des espaces de traditions – comme les bains publics, les *sentō*, où la pudeur maladive des Japonais s'efface une fois que tout le monde enlève ses vêtements. La cuisine en fait partie. Alors, comme nous sommes curieux et avons la chance de ne souffrir d'aucune allergie alimentaire – ce qui est, nous en sommes conscients, un vrai plus pour approfondir sa connaissance du pays –, nous prenons généralement au hasard des plats montrés sur la carte ou demandons la même chose que notre voisin.

C'est ainsi que nous avons mangé des sushis de maquereau recouverts d'une herbe finement hachée. Là encore, une apparente simplicité mais une explosion de goûts et l'impression que nous mangeons du poisson pour la première fois de notre existence. Les patrons de ces petits restaurants souvent blindés sont toujours heureux de nous servir leur nourriture, le plus souvent exécutée devant nous avec des gestes d'une précision académique. Aucun mouvement n'est superflu, ils sont tous nécessaires et participent à la saveur du plat. Le Japon est minutieux jusque dans son assiette. Savoureux dans les moindres détails de sa nourriture. Exubérant dans les limites de la décence jusque dans ses restaurants de poche.

Arrêtons-nous là car nous ne pouvons pas expliquer à quel point la saveur de l'omelette à l'huître d'Hiroshima est inversement proportionnelle à ce que sa dénomination peut laisser entendre. Nous n'avons pas non plus les mots pour décrire à quel point le saké est un vrai vin avec des cuvées, des saveurs et des sensations uniques à chaque gorgée. Mais nous pouvons vous expliquer qu'un bon saké, s'il ne dépasse pas les 15 degrés, n'est pas un alcool fort, contrairement au *shōchū* que l'on retrouve en pack de 2 litres au supermarché et qui assure un sérieux mal de crâne le lendemain matin.

Le Japon c'est aussi la nourriture chimique : les Kit Kat au gingembre, au thé vert, au matcha, au haricot rouge, au sésame et, évidemment, au saké. Les chips peuvent être vertes ou roses. Mais la saveur qui nous reste en bouche à notre départ de Tokyo, c'est celle de l'anguille. Ce poisson fin, très cher en France, concentre la texture et le goût simple des mets d'exception. Tout semble évident dans la cuisine japonaise, mais l'anguille délicatement découpée, déposée sur un lit de riz lui-même cuisiné, est un grand plat à lui tout seul. Alors quand en plus on nous propose à côté un bouillon de foie issu de ce même poisson, nous avons l'impression d'avoir revêtu les habits de l'empereur.

C'est finalement cette sensation que procure la nourriture japonaise et qui se rapporte à toute la société : faire à manger, partager des mets exigeants et subtils afin de donner à chacun l'impression d'être un hôte unique, attendu, qui sera éternellement reconnaissant envers celui qui l'accueille. Au Japon, le droit à l'erreur n'existe pas. La finesse de la cuisine ajoute à cette pression sociétale millénaire. L'échec est impossible mais on s'impose la difficulté pour atteindre l'excellence. Un Japonais évitera de nous indiquer un chemin sans nous y accompagner lui-même, quitte à faire un détour, de peur que nous ayons compris de travers. Idem en cuisine : il préférera s'éclipser au fond de la salle, craignant de ne pas comprendre notre commande et de nous apporter un plat non commandé.

La générosité d'un peuple se retrouve aussi dans son assiette. Le Brésil, avec sa *feijoada*, rassemble toute la famille le week-end autour de ce cassoulet peu onéreux. La *moqueca*, spécialité de Bahia, est servie sur toutes les tables le midi comme le soir, au restaurant comme dans la cuisine de la *mãe*. Ce ragoût, souvent au poisson, peut se décliner à l'envi. Le point commun entre ces plats : ils se partagent ! Au grand dam de Pierre qui ne partage pas la nourriture mais qui s'est résolu à suivre le mouvement : la cuisine peut changer un homme.

La gastronomie, petite ou grande, est à l'image d'un pays. Les influences accommodent la nourriture. L'Afrique avec le Brésil, le Japon avec le Pérou, le Pérou avec le Mexique. Ainsi, nous avons mangé les meilleurs ceviches du monde à San Miguel de Allende, au nord de Mexico, dans un boui-boui tenu par des jeunes. Ce poisson cuit dans le jus de citron est accompagné d'une innombrable quantité de condiments. Servi généreusement, il rappelle la crudité japonaise tout en laissant place aux saveurs épicées de l'Amérique latine.

Le Mexique est d'ailleurs le pays où la nourriture a le plus d'importance. Non seulement elle scande le rythme de la journée, mais elle a aussi un rôle essentiel dans la culture même de la nation. Dès notre arrivée à Mexico, en août 2020, nous rencontrons un artiste, Yair. Mexicain jusqu'à la pointe de ses longs cheveux, il est en couple avec une Française, Sophia, et est ami avec Margot qui nous suivait depuis un moment sur les réseaux sociaux et dont nous venons de faire la connaissance dans le quartier de Coyoacán.

Yair et Sophia n'ont pas hésité à nous inviter chez eux, sans même nous connaître, juste pour le plaisir de passer un moment avec ces deux voyageurs du bout du monde ; afin de retrouver un morceau de France pour Sophia, de nous faire partager son amour pour la culture mexicaine pour Yair.

C'est ainsi que nous nous retrouvons sur leur terrasse dominant la Roma, un quartier chic et bobo de Mexico. Nous enchaînons les bières puis vient l'heure de passer aux choses sérieuses : le mezcal. Yair nous explique l'importance de ce breuvage issu, comme la tequila, du *maguey* (l'agave). Il nous conseillera d'ailleurs de rendre visite à l'un des meilleurs maestros du mezcal, dans une exploitation perdue de la région d'Oaxaca. Ce que nous ferons quelques jours plus tard, acheminés dans la remorque d'un camion.

Cette rencontre avec José Luis Shonga fut inoubliable : le mezcal est l'antithèse de la tequila industrielle. Sa préparation mêle savoir-faire ancestral et connaissance fine des sols et des plantes. Mais c'est véritablement l'amour et la patience que met en lui le maestro qui fait du mezcal Shonga l'un des plus recherchés du monde. Après nous avoir fait

« goûter » quelques bols de son breuvage, José Luis nous invite à la table familiale. Entre ses amis, sa femme, sa sœur et sa mère, que nous ne connaissions pas il y a encore deux heures, nous nous sentons déjà à la maison.

Un peu comme chez Yair ce soir-là qui continue à nous vanter toutes les inventions de la terre mexicaine. Le *pulque*, par exemple, boisson de l'aristocratie aztèque, interdite par les Espagnols, et qui revient à la mode par défi patriotique. Nous goûterons cette boisson à base d'agave à Guanajuato. Toutes les beautés comestibles du Mexique sont chargées d'histoire. Il y a les tomates, les pommes de terre (des milliers de variétés aux textures, couleurs et goûts différents), le cacao et, surtout, le maïs. Employé dans tout, il est le socle de la société mexicaine. Yair résume sa portée unique pour toute cette nation : « *¡No maíz, no país !* » La céréale fut utilisée comme monnaie et est devenue la base de l'édification de l'Empire aztèque. Nous en avons découvert des dizaines de variétés différentes et en avons dégustée en d'autant de façons. Les jeunes générations qui s'affirment de plus en plus comme Aztèques et Mexicains, à l'image de Yair, revendiquent aujourd'hui cet héritage à travers le maïs.

Autre revendication culinaire : le *chile en nogada*. Nous avons eu de la chance d'être au Mexique en septembre. C'est le mois des fêtes patriotiques, le mois durant lequel on déguste ce gros piment épépiné, fourré au porc, badigeonné de sauce aux noix. Pour l'occasion, il est couvert de graines de grenade et d'herbes fraîches et se pare ainsi des couleurs du drapeau mexicain : vert, blanc, rouge. C'est délicieux mais ça peut aussi vite devenir un peu écœurant si la *mama* a la main un peu lourde.

Quoi qu'il en soit, nous sommes bien tombés, ce soir-là, à Oaxaca, d'autant que nous avons eu droit à un double dessert ! En réservant, Pierre avait coché la case « événement particulier ». Pour lui, un moment passé avec Matthieu est toujours un événement particulier. Le patron du restaurant, lui, a tout de suite pensé à un anniversaire. Après avoir dégusté notre *chile en nogada*, le voici qui demande au guitariste de jouer l'air que l'on nous entonne soit le 29 janvier soit le 9 février mais jamais en plein mois de septembre. On lève la tête au moment où un gâteau avec des bougies arrive droit sur nous, apporté par un serveur tout sourire. On lui fait signe qu'il y a erreur, on lui explique que ce n'est l'anniversaire d'aucun d'entre nous. Mais il insiste. Alors, comprenant la méprise, nous nous exécutons de bonne grâce et dégustons un bon gâteau au chocolat offert par la maison.

Mais là où bat l'âme du Mexique toute l'année, c'est dans les *cantinas*. Ces établissements à mi-chemin entre le bar et le restaurant sont très populaires. Et pour cause : la nourriture y est gratuite contre la consommation d'alcool. Chouette procédé. Nous nous engouffrons dans une *cantina* de Santiago de Querétaro. À ce moment-là, nous ne connaissons pas le principe. Il est près de 15 heures. L'ambiance y est déjà chaleureuse. Des bouteilles de bière sont alignées sur toutes les tables. Les assiettes s'empilent. Mais, quand on regarde le menu, il n'y a pas de plat, il n'y a que des boissons ! Le patron nous explique comment procéder. Nous devons prendre une Sol ou une Victoria si nous voulons manger. Là encore, on s'exécute de bon cœur d'autant qu'à la faveur du décalage horaire un match de l'équipe de France de foot est diffusé au même instant sur l'écran géant de la salle. Nous trinquons à la victoire des Bleus, 4-2 face à la Croatie, tout en dégustant un petit ceviche bientôt suivi de deux ou trois autres plats (dont une assiette de tripes qui faisait saliver Matthieu depuis le début) quand le patron de la *cantina* s'approche de nous : « Ah vous êtes Français ! Vous devez connaître… » Nous pensons qu'il va nous parler de Mbappé ou de Griezmann. Mais surprise, le foot ne semble pas l'intéresser : « Vous devez connaître Sébastien Castella ! » Nous nous regardons. Nous regardons le patron. Nous commençons déjà à cogiter : qui est ce Sébastien Castella ? « Mais si ! Sébastien Castella ! Le meilleur torero français ! » À mille lieues de penser qu'on allait nous parler de tauromachie au

Mexique ! Comme les tapas et les nouvelles maladies, les Espagnols ont aussi importé les corridas dans le Nouveau Monde.

La nourriture reçue en héritage peut aussi avoir un goût amer. Au Cambodge, les terribles années Khmers rouges ont poussé les habitants à manger ce qu'ils pouvaient. Pol Pot utilisait la famine comme une arme contre son propre peuple. Nous sommes passés dans un village, Skun, au nord de Phnom Penh. Les araignées grillées y sont la spécialité. Et plus elles sont grosses, meilleures elles sont. Si aujourd'hui, cela relève de l'attraction touristique, il n'en a pas toujours été ainsi.

Entre 1975 et 1979, le Cambodge plonge dans l'une des pires dictatures qu'ait connues l'humanité. Les Khmers rouges exécutent à tout va, déportent quiconque peut ressembler de près ou de loin à un intellectuel : porter des lunettes vous envoyait directement dans des camps de travail, être citadin était suspect. La purge et la famine organisée ont tué des millions de personnes dans le pays. Notre visite de la prison S-21, une école transformée en centre de torture au cœur de Phnom Penh, a été pour nous une véritable épreuve physique et émotionnelle. Depuis, nous ne supportons plus l'utilisation bête du terme « Khmers verts » pour désigner les écologistes en référence aux horreurs des partisans de Pol Pot.

« On peut avoir un peu plus de poulet ? »

Alors, durant ces années de plomb et après, durant la longue reconstruction du pays, il a fallu se nourrir. À Skun, les gens mangeaient des araignées. Aujourd'hui, ironie de l'histoire, ce sont ces mêmes araignées, pourtant synonymes de malheur, qui font la fortune du village.

Dans un restaurant-école de Phnom Penh, on nous sert trois énormes tarentules. Nous commençons par les pattes. Puis l'abdomen. En fait, tout cela a assez peu de goût : la chair est grillée. Seul le ventre est un peu plus charnu. En revanche, dans notre assiette, rien n'est fait pour rassurer les réfractaires : nous avons trois araignées énormes, posées sans autre fioriture que leur corps entier recouvert de duvet.

De manière plus légère, dans le pays voisin, au Vietnam, l'héritage culinaire croise celui des Français avec le fameux *banh mi* que nous avons dégusté de Saïgon à Hanoï : un délicieux sandwich au pâté, à la viande, aux cornichons et aux divers condiments parsemés de coriandre. Nous nous en mettons partout sur les doigts. Mais il est rassurant. Le *banh mi* est un peu notre nourriture-doudou quand nous avons un coup de mou.

Les sandwiches – et en général la cuisine de rue – sont extrêmement répandus en Asie. Ce n'est pas le cas en France où la convivialité autour d'une table est un marqueur social essentiel. En tant que Français, si nous ne jugeons pas les autres gastronomies – bien que l'italienne et la japonaise soient, pour nous, nos deux seules rivales –, nous pouvons néanmoins nous enorgueillir du classement au patrimoine immatériel de l'humanité de notre repas servi à table composé d'une succession de plats de l'entrée au dessert. Ce titre pourrait faire sourire si l'on ne prend pas en compte le fait qu'aucun autre pays mis à part le nôtre ne s'arrête tout entier entre midi et 14 heures – et le soir à partir de 19 heures – pour manger. En Inde par exemple, le repas est purement utilitaire. On mange pour se nourrir. Les stands de *street food* ont été nos principales sources d'alimentation pendant les deux mois et demi passés dans le pays. Ce qui nous a permis de tester un nombre incroyable de nourritures, loin, là encore, des menus assez pauvres proposés dans les restaurants indiens en France. D'ailleurs, sachez que les *cheese naan* n'existent pas ! Il s'agit d'une invention occidentale : les Indiens ne fourrent pas leurs pains à La Vache qui rit. Seuls les restaurants les plus touristiques les proposent à leur carte.

En revanche, on a pu découvrir les *vada pav*, spécialité de Bombay. Ces petits burgers contiennent une grosse boulette de pomme de terre mélangée à des épices et de l'ail logé entre deux tranches de pain. Ils s'accompagnent d'un piment vert et d'un chutney. On les mange debout, en deux ou trois bouchées seulement, à n'importe quelle heure du jour et de la nuit. L'Inde est d'ailleurs à l'image de ce petit sandwich rond : rapide, pimentée, colorée, savoureuse. On n'a pas le temps de s'attarder, de prendre son temps.

Nous privilégions la *street food* car elle est forcément préparée minute : le commerçant achète le matin la quantité nécessaire d'aliments pour sa journée et une fois qu'il n'a plus rien, il remballe. Ainsi, nous n'avons jamais été malades ! Les restaurants, c'est une autre affaire, surtout ceux conseillés par les guides de voyage : rien ne prouve la fraîcheur des aliments souvent placés dans des frigos qui peuvent s'éteindre et se rallumer plusieurs fois dans la journée au gré des coupures de courant. Les rares fois où nous avons été patraques, c'était en revenant de ces établissements qui ont pignon sur rue.

Pour bien manger, il suffit de dénicher l'endroit où il y a le plus de monde. S'il s'agit d'un petit bouiboui de quartier, pas de panique : les clients ne s'attardent jamais. Ici, on ne fait que s'alimenter. On avale son poulet ou son *tali* en une poignée de minutes et on rentre. On ne va pas au restaurant pour passer un bon moment en famille ou en couple. On est là pour se nourrir. Et comme la société indienne est ainsi cloisonnée, les hommes sortent pour manger entre eux pendant que les femmes se restaurent entre elles à la maison.

Nous n'avons pu nous poser en terrasse et flâner qu'arrivés à Pondichéry. L'ancien comptoir français, renommé depuis Puducherry, devient progressivement un lieu de villégiature pour toute la classe moyenne indienne émergente. Elle y trouve ici, au bord du golfe du Bengale, un calme inexistant dans le reste du pays. Goa est bruyante des boîtes de nuit. « Pondi » est relaxante avec ses terrasses et son front de mer. D'ailleurs, il y existe peu de stands de *street food* : Pondichéry garde son architecture coloniale et sa nonchalance française que les autorités indiennes tentent de préserver. Nous avons rendu visite à la consule générale de France installée là-bas. Un café – notre premier depuis des mois – nous a été servi dans le grand jardin de la représentation française et une discussion passionnée sur l'Inde nous a éclairés sur ce pays qui ne s'arrête jamais.

Mais c'est à côté de Puducherry que se trouve l'endroit le plus relaxant de tout le pays : Auroville, cité idéale imaginée par Mirra Alfassa. Au début des années 1960, cette Française, ancienne avocate devenue disciple d'un des plus grands gourous indiens, Sri Aurobindo, planifie l'édification d'une ville sur des terrains hostiles. Auroville sera érigée en quelques années grâce à l'aide de la population tamoule et très vite habitée par une poignée d'Occidentaux, en majorité des Français, venus en Inde après un périple incroyable à travers l'Asie centrale. Nous sommes en 1968.

Nous nous y rendons et y rencontrons le chef de la délégation française. Claude a travaillé dans les PTT, il a été commercial puis directeur d'un établissement pour personnes handicapées. Difficile de savoir précisément ce qui l'a amené à tout quitter pour venir à Auroville. Mais il y a trouvé sa place. Il s'interroge toutefois sur les années à venir. Le projet utopiste survivra-t-il au changement de génération ? Peut-être rentrera-t-il en France avant son écroulement : « Je souffre de la chaleur et j'ai quelques soucis de santé. Et puis je ne supporte plus de manger du riz ! Je vais peut-être m'installer dans le Cantal. » Le riz contre le fromage, on reste Français toute sa vie.

La cuisine indienne rayonne, néanmoins, dans tout le Sud-Est asiatique avec plus ou moins de bonheur. À Sumatra, c'est plutôt moins que plus. On a, pour ainsi dire, le choix qu'entre le *mie goreng* et le *nasi goreng* (plat de nouilles pour l'un, de riz pour l'autre, servi avec des légumes et, au choix, des œufs, du poulet ou, parfois, du bœuf). En revanche, le plus est à rechercher du côté du Laos où, dès le petit-déjeuner, on se régale avec les bonnes grosses assiettes remplies de viandes et d'herbes préparées par des dames généreuses aux coins de chaque marché. Au Pérou, on se lèche les babines au saut du lit à l'idée d'engloutir un bon bouillon à base de pattes de poulet griffues. De quoi démarrer la journée du bon pied ! C'est aussi au Pérou que nous dégustons l'une des meilleures viandes au monde : l'alpaga (ou *alpaca*). Connu pour sa fourrure, nous ignorions que le cousin du lama pouvait aussi se manger. C'est très tendre, beaucoup plus que le lama, justement, que nous découvrons ensuite dans notre assiette en Bolivie.

Malheureusement, il y a des moments où nous ne sommes absolument pas contents d'être à table. C'est le cas en Birmanie. Même sur le lac Inle, en territoire shan. Nous sommes tombés sur une famille birmane et nous l'avons tout de suite compris : le plat était tellement chiche que nous avons dû nous lever pour demander si nous pouvions avoir « un peu plus de poulet ». Et il a fallu négocier âprement – et payer en conséquence – pour avoir une fine lamelle supplémentaire de viande. Le tout au prix d'un poulet entier. Idem à Bagan quand nous commandons un plat d'abats au bord de la route – oui, nous sommes parfois un peu inconscients – et que la commerçante voisine veut nous faire payer la portion de riz dix fois le prix de la viande.

En fin de périple, nous en avons tellement assez de ce manque d'entrain et de ces négociations interminables pour manger que nous avons pris l'habitude de faire nous-mêmes notre addition avant de passer la commande, de présenter la note au patron et de ne commencer à manger qu'une fois le prix fermement confirmé.

« On peut avoir un peu plus de poulet ? »

En près de deux ans à parcourir le monde, nous avons découvert mille saveurs. Il nous faudrait un livre entier pour raconter l'inimitable *chai* indien, les innombrables jus de fruits mexicains à base de *tuna*, de *guanabana* ou de *nisperos*, les cafés laotiens avec du lait concentré, les chocolats chauds d'Oaxaca, les *dabeli*, la découverte de la nouvelle sensation culinaire de Lima chez Kjolle… Mais ce qui est le plus incroyable, c'est cette corrélation entre plaisir de la table et plaisir tout court. Entre inventivité, exigence ou dédain et l'état d'esprit global d'un peuple. Tout n'est pas toujours aussi simple, mais on peut se fier à la cuisine.

Malgré toutes les bonnes et moins bonnes choses que nous avons mangées, nous avons quitté l'Asie avec un déficit de 8 et 10 kilos chacun. Nos sacs à dos y sont aussi pour quelque chose. Être constamment en mouvement avec ce poids sur les épaules vaut toutes les salles de sport. Oui, nous sommes revenus allégés. Mais en bonne santé. Et ce n'est pas l'œuf de cane fécondé découvert à Angkor qui nous aura fait grossir : il s'agit de la seule spécialité que nous ayons été incapables de terminer. Il faut dire que quand on espère un œuf dur et qu'on se retrouve avec une moitié de poussin déjà formée dans la coquille, ça coupe brutalement l'appétit. Le bec et le duvet étaient déjà palpables. Le blanc était nervuré de vaisseaux sanguins. Restait simplement une petite partie du jaune. Les Cambodgiens raffolent pourtant de ce mets censé donner de la force… Et il nous en faut, de la force, pour quitter l'Asie. Surtout dans les conditions qui vont suivre…

Intermède

En mars 2020 s'achève notre séjour de trois semaines au Japon. Après Osaka, Okayama et les légendes de la plaine de Kibi, Hiroshima, Kyoto et Nara, nous terminons dans un climat étrange notre périple à Tokyo.

Nous avons loué un appartement pour vivre comme les habitants de la capitale. Dans le quartier d'Ōtsuka, nous avons pris nos petites habitudes : le FamilyMart du coin de la rue pour acheter nos *onigiri*, le Donki pour toutes les conneries d'un quotidien parfaitement tokyoïte et le petit resto de poche, en bas de la rue, tenu par un petit vieux parfois assisté de son fils.

La bulle éclate soudain. Les autorités japonaises reportent les Jeux olympiques. La gouverneure de Tokyo appelle les habitants à ne plus sortir de chez eux. Nul besoin de les menacer d'une amende : le civisme est tel que chacun respecte d'emblée cette recommandation. Nous parcourons Tokyo devenue ville fantôme.

Nous devions poursuivre en Amérique latine, mais toutes les frontières sont désormais fermées. Et pour combien de temps ? Nous n'avons d'autre choix que de rentrer en France.

Pendant cinq mois, nous rongeons notre frein dans l'Hexagone, avec la ferme intention de repartir. Ce que nous faisons le 31 août 2020, quand les courbes de contamination suggèrent enfin une accalmie au Mexique.

TROISIÈME PARTIE

Un nouveau départ

XVIII

« Vous ne vous êtes jamais engueulés ? »

Benemérito de las Américas, Mexique,
mercredi 7 octobre 2020

Un voyage au long cours ne peut jamais se prévoir totalement. La preuve. Il doit laisser la place au superflu, à la surprise, à l'imprévu, parfois aux tracas. Il n'existe aucun tour du monde similaire à un autre. À cause des envies des uns et des autres. Des parcours. Des changements de parcours. Des accidents de la vie ou des accidents tout court. Ou à cause d'une pandémie mondiale qui paralyse la planète comme jamais dans l'histoire de l'Humanité.

Même si nous avions décidé de suivre le même plan, le même timing, le même budget qu'un autre voyageur, il y aurait eu un paramètre difficilement maîtrisable et qui, pourtant, peut tout changer dans ce genre d'aventure : la vie de couple.

Nous avons croisé des voyageurs seuls. Beaucoup. Nous avons aussi rencontré des familles qui, par définition, n'ont pas le même rythme, encore moins les mêmes centres d'intérêt, ni vraiment le même budget. Il y a aussi des amis qui voyagent ensemble. Pour nous, c'est probablement le profil le plus périlleux : le voyage peut faire au long cours émerger des caractères jusqu'ici méconnus et les amitiés peuvent en pâtir. Finalement, le format le plus présent sur les routes du monde, c'est le couple.

En ce début octobre 2020, nous nous retrouvons aux confins du Mexique, dans le Chiapas, à la frontière avec le Guatemala. Nous commençons à bien connaître le pays de Miguel Hidalgo qui offre une diversité de paysages et de patrimoine qui nous inspirent chaque jour. La beauté des églises churrigueresques, la décontraction des plages de Zipolite, l'identité de San Cristobal de las Casas, le syncrétisme de San Juan Chamula, l'art populaire et les quartiers cloisonnés de Mexico, le bouillonnement de Guanajuato, etc. Tout cela est le Mexique mais ne serait pas totalement le Mexique sans le Chiapas.

Nous logeons ce jour-là dans une *cabaña* sale et privée d'électricité donnant directement sur le lac Tziscao. Nous sentons déjà que nous manquerons de tout dans cette région, territoire du sous-commandant Marcos. L'atmosphère n'y est d'ailleurs pas si apaisante. Le regard que l'on portait sur nous, quelques jours plus tôt, dans la grosse ville de Comitan, était plus suspicieux qu'hospitalier. Malgré tout, nous décidons de poursuivre notre aventure dans le Chiapas : au lieu de contourner ce territoire, nous le traverserons du sud au nord.

Pourquoi ? Nous l'ignorons encore. Mais bon, allons-y quand même ! Quand nous prenons une décision, c'est ensemble qu'il faut l'assumer.

Nous nous arrêtons deux jours dans un hameau perdu, introuvable sur une carte, répondant au doux nom de Reforma Agraria, « réforme agraire ». L'instituteur du village vient d'ouvrir une cabane très confortable face au *río* Lacantún qui sépare les maisons de la Selva Lacandona. La forêt vierge devant nous est peuplée de deux cent mille Mayas lacandón que nous sommes résolus à rencontrer. Ces habitants, vous les connaissez forcément. Ce sont les Bibaros dans *L'Oreille cassée* d'Hergé : ce peuple forestier vêtu d'une longue tunique blanche, marchant pieds nus et portant les cheveux longs et bruns, ennemis des Arumbayas. Tintin aurait pu se retrouver aujourd'hui dans la forêt en face de nous, il aurait rencontré exactement les mêmes personnes. Mais avant de faire leur connaissance, c'est un bruit rauque qui attire notre attention. Le ciel s'assombrit. Les singes hurleurs qui vivent dans la forêt se déplacent. Comme nous n'entendons que le son guttural des primates, nous ne pouvons qu'imaginer leur nombre. Une sensation : celle d'être devant le dernier réservoir d'espèces bientôt disparues. Cette plainte à la fois triste et effrayante, ce son d'outre-tombe qui peut être tout à la fois un appel à la guerre ou un chant de requiem simiesque, cette ambiance qui pourrait sortir d'un cauchemar ou de *Jurassic Park* sont immédiatement apaisés par le sourire de la famille de notre propriétaire, amusée par notre surprise.

Il faut dire que ces bruits sont impressionnants. Ils partent de ces arbres sombres face à nous. La litanie s'éloigne. Nous imaginons des clans de singes se déportant tout entiers vers une autre partie de la forêt. Le bruit arrive de l'est, remonte à notre hauteur avant de s'enfoncer vers l'ouest. Nous ont-ils sentis, entendus ? Nous sommes sur l'autre rive et pourtant nous ne pouvons que songer à la nuit qui arrive : les singes peuvent-ils traverser la rivière ? L'eau du *río* est trouble. Son lit est inhabituellement étendu. Il lèche le pas de notre porte. C'est ce moment-là que les *guacamayas* – les aras – choisissent pour se dégourdir les ailes et nous offrir un ballet multicolore.

Le lendemain, nous souhaitons traverser la rivière, mais le seul « batelier » du village nous semble passablement éméché. Alors nous reprenons la route pour arriver du côté de Benemérito de las Américas, point d'entrée dans la Selva Lacandona. Il y a quelques années, certains Mayas lacandón ont décidé de s'ouvrir à la « civilisation » et accueillent désormais des visiteurs. Un droit d'entrée est demandé. Ce qui est normal puisque dans le même temps nous pénétrons à la fois dans leur territoire et dans un parc national protégé. Des policiers visiblement satisfaits d'avoir été mutés dans ce coin bien tranquille sortent de leur sieste à notre arrivée. Nous payons. Et demandons au seul taxi présent sur place de nous conduire au premier village.

« Ce sera 100 pesos ! » Quatre fois plus cher que l'ensemble de ce que nous avons payé pour arriver jusque-là à travers tout le Chiapas. On essaie de négocier mais «*porque* Covid» (il y a moins de visiteurs, il ne peut prendre que trois personnes par trajet), il ne veut pas baisser son tarif. Nous nous tournons alors vers les officiers afin de trouver un quelconque soutien. Le prix demandé est tellement élevé que l'arnaque semble évidente. Mais ce qui est aussi évident c'est que taxi et policiers sont de mèche. Nous n'arriverons pas à avoir l'oreille (même cassée) des fonctionnaires. Cette fois-ci, nous n'avons aucune envie de nous énerver. Nous nous rappelons dans un amalgame littéraire pas forcément bien senti que les Bibaros étaient plutôt belliqueux. Nous faisons mine de partir. Dernière tentative pour qu'on nous retienne avec un tarif plus bas. Mais rien n'y fait.

Sur un coup de tête, nous laissons tomber l'idée d'aller dans la *selva*. Nous sautons dans le premier *colectivo* qui se présente sur la route sans même lui demander sa destination. Quoi qu'il advienne, nous nous adapterons. *Adios* les Bibaros !

Cet épisode n'est pas sans nous rappeler une mésaventure indonésienne. Parfois, il faut plus que se serrer les coudes, il faut aussi serrer les poings. En voulant rejoindre le petit village de Bukit

Lawang situé au nord de l'île de Sumatra, nous décidons de prendre les transports en commun, comme à notre habitude. Mais, une fois n'est pas coutume, nous avons eu affaire à une véritable mafia. Première rencontre, lorsque notre bus est arrêté en plein milieu de la route par une bande de roublards probablement avertis par le chauffeur lui-même : « Descendez, vous allez prendre un *bemo* – un taxi collectif indonésien – qui vous emmènera directement à destination ! » Nous ne comprenons pas : le bus va exactement au même endroit. Mais nous décidons de faire confiance au chauffeur. Il conduit un véhicule public, il ne peut qu'être honnête !

Évidemment, le *bemo* n'arrive pas. On commence à s'agacer au bord de la route. La combine était bien huilée : « Désolé mais il n'y a plus de *bemo*… Mais j'ai une voiture privée et je vous emmène ! » On se révolte, rappelant que ce sont eux qui nous ont sortis du bus qui, lui, allait bien à Bukit Lawang ! Nous trouvons un véhicule par nous-mêmes. Il nous conduit à la ville suivante où le scénario se reproduit. Nous décidons alors de marcher à travers les rues désertes. La nuit tombe. Et nous sommes encore à près de 100 kilomètres de notre destination. Nous rencontrons un tuk-tuk qui veut bien nous prendre mais croise le regard d'un homme. Nous comprenons très vite : le rickshaw nous dépose rapidement à un rond-point où nous attendent des messieurs en costume.

L'un d'eux nous accueille en souriant. Il parle couramment anglais. « Vous allez à Bukit Lawang ? » Nous acquiesçons et lui racontons nos péripéties. « C'est scandaleux. Vous avez bien fait de ne pas vous laisser faire », nous dit-il très concerné. Et d'enchaîner : « Vous vous appelez comment les amis ? Vous venez de quel pays ? » Il nous explique que le dernier *bemo* vient malheureusement de partir et que nous allons devoir prendre un taxi privé…

Nous savons que c'est faux. Il n'est que 17 h 30 et il y a des taxis collectifs au moins jusqu'à 19 heures Nous nous énervons à nouveau. Mais vingt minutes après, toujours pas de *bemo*, nous sommes épuisés et, d'une certaine manière, résignés. Nous acceptons donc de négocier le prix d'un taxi privé. C'est évidemment cher. Plus cher qu'un trajet collectif. Nous abaissons la somme autant que possible, tout en sachant que nous ne sommes pas en position de force. Nous nous apprêtons à conclure l'accord… quand soudain un *bemo* se gare à deux pas !

Nous rompons la négociation et fonçons voir le chauffeur : « Vous allez à Bukit Lawang ? — Oui. » Sauvés ! Nous balançons nos sacs à l'arrière et nous engouffrons par la porte coulissante sur le côté.

C'est à ce moment-là que nous nous rendons compte de l'organisation d'une mafia. Trois hommes jusqu'à présent restés dans l'ombre se placent les bras croisés devant le véhicule pour l'empêcher de repartir. Et avec leurs têtes patibulaires, ils n'ont pas l'air de plaisanter. L'homme souriant avec qui on négociait un taxi privé change radicalement d'attitude et file menacer le conducteur de notre *bemo*. Les autres personnes à bord se murent dans le silence et baissent les yeux. Aucun passager n'ose intervenir. Quand, soudain, un cinquième homme ouvre le coffre pour en sortir nos sacs.

Le sang de Pierre ne fait qu'un tour. Il saute de son siège jusqu'à l'arrière du véhicule et repousse brutalement le voyou. Puis il sort du *bemo*, le poing levé, et poursuit l'homme dans la rue. Matthieu prend la suite. La situation se tend radicalement. Nous sentons la bagarre arriver. À cinq contre deux, il vaudrait mieux l'éviter. Se faire arnaquer est une chose, se faire tabasser et dépouiller de nos affaires en est une autre… Mais sur le moment, on ne se pose pas ce genre de questions. Heureusement, un passager s'interpose enfin. Il nous fait nous rasseoir et tente une médiation. Il nous explique d'abord que ce *bemo*… n'est pas un *bemo*. Il aurait été loué à titre privé par les autres passagers. Sauf que, vérification faite, ces passagers ne se connaissent même pas entre eux !

Réalisant que son argumentaire ne prend pas, il en adopte un beaucoup plus simple : « Donnez un billet aux types dehors et on n'en parle plus. » On répond alors tous les deux d'une même voix : « Sûrement pas ! » Nous fermons le coffre de l'intérieur, nous claquons les portes et nous demandons au chauffeur de démarrer en lui annonçant que nous ne bougerons plus de là. Les discussions se poursuivent entre Indonésiens : la mafia dehors qui exige qu'on nous sorte du véhicule, les passagers qui en ont marre d'attendre, le chauffeur qui a peur de se faire molester. Quinze minutes plus tard, celui qui avait voulu jouer le médiateur tend un billet à l'un des mafieux, le conducteur fait de même et les cinq hommes qui nous menaçaient prennent leurs distances.

Il est 19 h 30, mais cette fois nous sommes en route pour Gotong Royong, le village voisin de Bukit Lawang. Comme nous ne savons plus qui croire dans cette région, nous vérifions régulièrement sur le GPS de notre téléphone que nous suivons la bonne direction. Deux heures de terre battue plus tard, sous la pluie et sous l'orage, nous arrivons dans la petite gare routière. Notre hôtel a eu la gentillesse d'envoyer quelqu'un nous chercher. Le jeune homme nous découvre avec des mines déconfites. Mais avant de partir avec lui, il nous reste encore une chose à faire : payer le *bemo* qui nous a « sauvés » des griffes de la mafia.

Nous lui tendons 50 000 *rupiahs* pour deux, le juste prix – notre hôtel nous l'a répété trois fois. Et vous savez quoi ? Il refuse… en nous demandant le double. Jusqu'au bout, tous nos interlocuteurs sur ce trajet se seront ligués pour nous arnaquer et, pardon du mot, nous emmerder. C'est le fameux passager « médiateur » qui aura le dernier mot dans cette histoire. On se demande à quel point il faisait partie de la combine. Nous voyant redevenir rouges, il annonce, magnanime, qu'il offre « de sa poche » les 50 000 *rupiahs* demandées par le chauffeur.

En temps normal, nous l'aurions arrêté, nous lui aurions dit que ce n'était pas à lui de donner, nous aurions trouvé un arrangement. Nous aurions peut-être même accepté de payer cette rallonge. Mais à cet instant, nous n'en avons plus rien à faire. Nous le laissons joindre le geste à la parole et nous tournons les talons. Nous aurons finalement mis six heures au lieu de trois pour relier Medan à Bukit Lawang, avec de bonnes montées d'adrénaline et parfois de la peur.

Par chance, nous sommes des hommes. En tour du monde, ce n'est pas un paramètre à prendre à la légère. Il peut même faire toute la différence. À Jodhpur, en Inde, à l'automne 2019, nous rencontrons un couple de femmes venues de Toulouse. Pierre n'a pas pu résister à cet accent du Sud-Ouest, son intonation natale, et est allé les aborder.

« Mais je te dis qu'une carte SIM serait plus utile !

— Tu sais bien que je déteste utiliser mon portable ! On n'a qu'à demander aux gens ! »

Désespérée, l'une des deux Toulousaines se retourne vers nous : « Dites-lui que c'est plus pratique en Inde d'avoir de la 4G pour se déplacer ! » Pris de court, on confirme que depuis notre arrivée dans le pays la data nous a permis d'être avertis en cas d'annulation de bus, de connaître nos places dans le train, les itinéraires à vélo. Alors… « Ah ben voilà, tu vois ! »

Nous craignons d'avoir commis une boulette… Alors nous changeons de sujet : « Cet accent… vous êtes du Sud-Ouest ? », leur demandons-nous. « De Toulouse ! Je m'appelle Béatrice et ma copine, qui n'est pas fan des nouvelles technologies, c'est Emma ! On fait un périple en Inde pendant un mois, mais on n'a pas encore tout prévu… Et je lui ai dit qu'avec un peu de 4G ça pourrait nous faciliter les choses ! Vous ne voulez pas m'accompagner chez un opérateur pour acheter une carte SIM ? »

En couple, les deux jeunes femmes travaillent dans le secteur médical. En chemin vers un opérateur téléphonique – en fait, une cahute au milieu du marché –, elles nous racontent comment se passe leur voyage. *Backpackers* comme nous, leur sexe ne leur permet pas de voyager totalement comme nous. En tant que garçons, nous sommes constamment sollicités – « Selfie ! », « D'où venez-vous ? », « Vous êtes frères ? », « Salut mon ami ! » –, nous leur demandons si c'est la même chose pour les femmes. « C'est un enfer !, nous confesse Béatrice. Ce sont des regards libidineux à longueur de journée. Emma s'est fait peloter alors qu'elle prenait un selfie. L'autre jour, dans le train, un homme s'est masturbé dans sa couchette en face de nous. On n'est jamais à l'abri d'une remarque, d'une insulte, d'un attouchement… C'est agressif, tendu. »

La frustration sexuelle des Indiens, elles la subissent. Elles sont nombreuses, pourtant, les Occidentales, seules, en couple ou entre amies, à voyager dans le pays. Pas de quoi arrêter leur périple pour autant. Il est « simplement » contraint. Alors que de notre côté, nous pouvons dîner à peu près n'importe quand et n'importe où, les filles ne quittent pas leur hôtel après 19 heures. Ce serait d'ailleurs mal vu que deux femmes mangent ensemble dans un resto – l'apanage des hommes.

Reste que Béatrice et Emma ont désormais un téléphone avec de la data. Elles pourront trouver leur compartiment réservé aux femmes lors de leur prochain trajet en train. Et nous, nous filons, libres comme des hommes en Inde, comme des rois qu'ils sont à Jodhpur plus qu'ailleurs, vers un *english wine shop* trouver une flasque de whisky et une bouteille d'eau fraîche.

En un mot, que l'on soit en couple homme-femme, femme-femme ou homme-homme, il faut en toutes circonstances se serrer les coudes ! Et parfois, ça casse. Un voyage aussi long, ce ne sont pas des vacances. On ne coupe pas pour une période donnée. On ne se repose pas pendant deux ans. On ne peut pas être détendu en toutes circonstances. On ne passe pas nos journées à nous prélasser dans des Jacuzzi avec cocktails et musique bossa-nova. Un voyage au long cours crée des tensions : on doit s'adapter au quotidien et, parfois, plusieurs fois dans la même journée. Il faut donc avoir un bon niveau de complicité et de confiance mutuelle.

Car en plus des impondérables du voyage, nous sommes condamnés à tout vivre l'un avec l'autre. Nous sommes littéralement vingt-quatre heures sur vingt-quatre ensemble. Du petit-déjeuner au coucher, des longs parcours en bus ou en train au choix des hôtels, du restaurant, du rythme… Tout doit être décidé immédiatement, sans discuter, au risque de vivre un enfer permanent. Finalement, le seul secret pour avancer ensemble, c'est de faire preuve d'une honnêteté et d'une transparence sans faille.

Nous sommes à Patong, sur la côte ouest de Phuket. Nous nous sommes bien remis de nos deux mois et demi de lessiveuse indienne. Nous revenons d'Indonésie et de Birmanie. Nous sommes en Thaïlande depuis une dizaine de jours. C'est la première fois depuis plusieurs mois que nous nous retrouvons dans un endroit aussi touristique, aussi artificiel, aussi occidental. Et, à ce moment-là précis, nous nous devons de profiter sans trop regarder aux dépenses.

Nous faisons néanmoins attention dans le choix de l'hôtel : central pour éviter de payer en plus les transports, mais assez spartiate, sans fenêtre, avec un lit tout juste confortable. Bref, pas de quoi exploser notre budget. Nous trouvons même un bon plan assez original : en face de notre logement se trouve une supérette FamilyMart. Nous ne savons plus comment nous l'avons su – probablement un de ces vieux secrets de voyageurs – mais cette boutique qui ne paie pas de mine cache un vrai trésor : à l'arrière, elle donne directement sur la plage ! Ainsi, on peut s'acheter à boire ou à manger à moindre coût et s'installer sur la petite terrasse aménagée avec, en prime, une vue imprenable sur le coucher du soleil. C'est le bon plan de Patong et ce sera notre QG durant notre courte semaine sur place. C'est ainsi qu'à la recherche d'une bière thaïlandaise pas chère, nous tombons sur deux bouteilles de Sato Siam. Cachées au pied d'un frigo, elles sont terriblement bon marché avec un taux d'alcool pourtant supérieur à toutes les autres bières proposées. Nous nous demandons s'il n'y a pas un loup. Nous payons et nous nous installons sur la terrasse. Philippe Delerm a écrit *La Première Gorgée de bière*. On pourrait écrire la suite : *La Première Gorgée de Sato Siam*. Le goût est amer mais ce qui choque le plus c'est que la boisson n'est pas gazeuse. Une bière sans bulle qui fait penser à du saké. Nous vérifions l'étiquette : il s'agit en effet d'un alcool de riz. Mais, contrairement au saké, la Sato Siam, ça tape. Intrigués, nous faisons quelques recherches complémentaires : la Sato Siam est en fait une marque vendue exclusivement dans les petits supermarchés thaïlandais comme FamilyMart et 7-Eleven. Le *sato* – le nom de l'alcool – était tombé en désuétude il y a une vingtaine d'années. Il n'était guère consommé que dans sa région d'origine, le nord-est de la

Thaïlande, avant que le gouvernement ne décide de lancer un grand plan de promotion des produits régionaux. La relance industrielle du *sato* fut un succès. Et on comprend pourquoi.

Nous sommes donc là, comme des ados, à boire au goulot notre Sato Siam sur la terrasse de la supérette, le soleil se couchant devant nous, buvant une autre Sato (le petit nom qu'on lui donnera bien vite), écoutant la musique qui vrombit de partout, décapsulant une troisième bouteille, parlant avec les autres clients qui, comme nous, connaissent la combine. On se rend compte que Patong est finalement assez calme. Les touristes ? Oui, il y en a, mais pas forcément la foule que l'on s'était imaginée. La musique ? Oui, elle mugit partout. Mais pas plus qu'à Bali ou sur la Côte d'Azur. Il faut dire que nous sommes arrivés à Phuket la semaine précédant les vacances de fin d'année. Les Européens n'arriveront que la semaine prochaine. « On espère », nous dit un Français chargé de la promotion d'une boîte de nuit : « La saison est assez mauvaise pour le moment… D'ailleurs, vous voulez passer à la boîte ce soir ? On fait des promos ! » Une mauvaise saison qui malheureusement sera suivie par deux années de disette sanitaire…

Est-ce la fatigue ou la Sato Siam ? Il n'en reste pas moins que lorsque Matthieu relance ce soir-là le sujet du budget, attablés avec Pierre dans un énième petit boui-boui, ce dernier préféra mettre les choses au clair : « Il est minuit passé, nous mangeons des brochettes bon marché après avoir bu des bières sans bulle dans une supérette éclairée au néon, et nous continuons à compter les centimes d'euros dépensés au cours de la journée ? » Une explication s'impose. Elle est franche. Il faut qu'on tienne évidemment notre objectif financier. Mais nous ne pourrons pas le tenir si nous sommes sous tension pendant un an. Il faut alterner. Comme nous ne sommes pas en vacances, il faut justement se trouver des instants de repos. Et le repos passe aussi par un allègement mental des contraintes quotidiennes.

C'est une discussion fondatrice qui s'engage à ce moment-là. Nous nous accordons assez facilement sur les types de logements alternant la catégorie « très moyens » et la catégorie « plus confortable ». Mais pour avancer ensemble, il faut aussi souffler ensemble. Et entendre parler de budget à Phuket, alors que nous faisons déjà attention à tout et que nous avons déjà eu cette discussion quelques mois plus tôt en Inde, ce n'est ni le lieu ni le moment. Comme disait une ancienne candidate à la présidentielle : il y a des colères saines. Il ne faut jamais hésiter à dire les choses, être transparent, plutôt que de garder de la rancœur ou des reproches refoulés. Quand on est en couple à l'autre bout du monde, il faut tout se dire.

C'est ce qui a manqué à Claire. Rencontrée sur la plage de Maungmagan en Birmanie, c'est là aussi son accent qui nous a rapprochés. Elle vient de Biarritz. Nous le comprenons assez vite car elle est au téléphone avec sa sœur, restée en France, lorsqu'elle s'installe à côté de nous. Quand elle raccroche, nous nous mettons à discuter. Son tour du monde s'achève sur ce front de mer face à Andaman. Partie en couple, elle se retrouve seule. Son compagnon et elle se sont séparés une semaine auparavant. Le voyage au long cours peut être un catalyseur des passions. Parfois, le mauvais caractère individuel ressort plus facilement que l'alchimie d'une vie à deux.

Il faut être raccord. Même dans les circonstances les plus dramatiques. N'ayons pas peur des mots, cette fin février 2020 a été un moment difficile pour tout le monde. Nous sommes à ce moment-là au Vietnam. Depuis quelques semaines, nous avons pris l'habitude de porter un masque, de faire attention à la distanciation sociale, de mettre du gel sur les mains. Difficile de déchiffrer les grands panneaux rouges où des caractères latinisés en majuscule ressemblent à des injonctions. Mais impossible de ne pas comprendre les fresques néo-soviétiques représentant des médecins indiquant les bons gestes à adopter face à cette épidémie pas encore totalement prise au sérieux en France. Imaginez qu'en février, au Vietnam, on nous donnait des masques chirurgicaux dans les bus alors qu'à Paris on nous affirmait que ces mêmes masques étaient dangereux si on ne savait pas les porter correctement !

Nous remontons le pays. Et comme un hasard du destin, c'est dans la cité impériale de Hué située pile au centre de Vietnam, à quelques kilomètres de la fameuse ligne de démarcation du 17e parallèle qui devait séparer le Nord communiste du Sud pro-occidental, que nous apprenons la décision de l'OMS de classer le Covid-19 en pandémie mondiale. Dans l'heure, les restaurants décident de ne plus servir les Occidentaux accusés de venir en Asie du Sud-Est s'inoculer volontairement le virus afin de repartir avec des anticorps. Nous devons parlementer de longues minutes pour qu'enfin le chauffeur de notre bus nous apporte notre soupe que nous mangeons à l'extérieur de l'établissement. C'est aussi le conducteur qui se dévoue pour débarrasser notre table : nous avons interdiction de toucher aux assiettes !

L'ambiance se tend donc rapidement à l'image du climat qui se fait soudain beaucoup plus gris et humide – un ciel bas et un crachin permanent ne nous quitteront plus jusqu'à notre départ du pays. Le Nord-Vietnam, nous le découvrons dans des tonalités de fin du monde. C'est dans cette atmosphère que nous arrivons à Tam Coc au cœur d'un paysage karstique surnommé « la baie d'Halong intérieure ». Des pitons rocheux dressés à la verticale émergent des rizières. Nous ne sommes déjà plus qu'une poignée de voyageurs. Seuls des *backpackers* comme nous sont restés dans le pays. Nous croisons aussi deux Instagrameurs, probablement échappés de la boucle de Thakhek. Ils ne semblent pas vraiment prendre conscience de ce qui commence à se jouer autour de nous tandis qu'ils changent de vêtements pour faire leurs selfies. Voyager, c'est pourtant aussi continuer à s'informer.

Dans notre hôtel, c'est le branle-bas de combat. Les sites naturels de la région ferment les uns après les autres. Une montagne est interdite à cause du Covid ? Oui, c'est écrit noir sur blanc à l'entrée du chemin de randonnée. Louer des barques était encore possible hier : ça ne l'est plus aujourd'hui. Là encore à cause du Covid. Quand on pose la question au propriétaire des embarcations, sa réponse est lapidaire : « On ne sait pas ! On nous a dit de fermer, alors on a fermé ! » En Asie, la question « pourquoi » n'existe pas. On ne demande pas d'explications. C'est comme ça. C'est notre excès inverse : en tant que Latins, nous demandons toujours pourquoi avant de savoir comment. On proteste plus vite que notre ombre, alors qu'en Asie on évite par politesse de trop en demander. Cette seconde attitude se révèle un atout majeur en temps de crise sanitaire. Elle l'est moins en temps de paix.

Les échoppes et les restaurants ferment les uns après les autres. Nous profitons quand même de deux journées sous un ciel gris pour visiter à vélo ces paysages incroyables. Nous croisons des paysans récoltant le riz ou faisant paître leurs bœufs. Certains habitants du village ont ressorti leur vieux casque militaire. Dans ce paysage vietnamien, l'imaginaire saute aux yeux. Les falaises karstiques de plusieurs dizaines de mètres de haut tutoyant la brume forment comme une antichambre au monde infernal qui nous guette.

De retour à notre petit hébergement, le soir même, il ne reste plus que la moitié des voyageurs. Au petit-déjeuner, nous sommes parmi les derniers à nous échanger informations et bons plans. Nous savons via Carla et Antoine, les deux vagabondeurs rencontrés en Thaïlande et au Laos, que Manille vient de demander à tous les étrangers de quitter le territoire : ils n'ont que vingt-quatre heures pour rejoindre l'aéroport et partir en Nouvelle-Zélande.

Avec les derniers routards, nous décidons de partir en train pour Hanoï. Cela laisse aux indécis le temps du trajet pour réfléchir à la suite à donner à leur voyage. Isis et Cécile entament tout juste leur tour du monde et il est hors de question pour elles d'y mettre un terme. Audrey et Aude ne le verbalisent pas encore, mais il est pour elles impossible d'aller plus loin… Elles rentreront en France. Paul a lui décidé depuis quelque temps de se rendre au Japon, comme nous, et s'empresse à présent de réserver ses billets.

Dans le train, nous avons de la place pour nous installer : les voyageurs se sont immédiatement déplacés aux extrémités de la voiture à notre arrivée. Les Occidentaux font l'objet d'une véritable peur panique. En nous croisant dans les rues d'Hanoï, les Vietnamiens remettent leur masque ou changent carrément de trottoir. Inutile d'insister : voyager dans le pays n'est plus possible dans ces conditions, nous n'allons pas continuer à « provoquer » involontairement nos hôtes. Il nous faut partir plus tôt que prévu.

Tout cela, nous nous le disons sans vraiment nous le dire. Nous sommes raccord sur la situation. Nous avons la chance – ou eu du nez – de prévoir notre prochaine étape à Osaka. Le Japon est la seule bonne solution du moment. Pas vraiment sur la route des *backpackers*, car perçu comme trop onéreux, il est pourtant la dernière planche de salut. Nous devons en revanche zapper l'escale d'une semaine prévue à Hong Kong : le Japon impose désormais une quatorzaine aux voyageurs en provenance de Chine, Hong Kong compris. Quand nous disions qu'il faut toujours se tenir informé !

Nous tentons quand même le diable. Et au lieu de prendre directement la direction de l'aéroport, nous décidons de parcourir la capitale vietnamienne pendant deux jours. Une capitale permet de comprendre certains aspects de la culture d'un pays. Le mausolée d'Hô Chi Minh, la cathédrale Saint-Joseph, les marchés, les *banh cuon* de Mme Hanh, les *bun* au poulet, le mythique lac Hoan Kiem, le château d'eau d'Hang Dâu…

Comme pour exorciser l'inévitable, Matthieu commence par vouloir tourner la page de ses godillots Quechua qu'il porte tous les jours depuis mi-août : « C'est de la qualité, vous verrez ! C'est fabriqué au Vietnam ! », lui lance le commerçant qui lui vend une bonne paire de baskets. Elles seront foutues au bout d'un mois. Matthieu a en tout cas la délicieuse sensation d'être plus léger dans ses déplacements !

Mais c'est surtout au cours de ces pérégrinations dans Hanoï que nous découvrons, pour la première fois, des rues barrées gardées par des véhicules de policiers. Ce sont des quartiers où un cas de Covid a été signalé ; tous les habitants sont priés de rester chez eux ; on leur apporte de la nourriture le matin et le soir. C'est avec cette méthode que les Vietnamiens ont longtemps réussi à contenir l'épidémie.

D'ailleurs, il y a une histoire qui a circulé tout au long de notre séjour dans le pays. À chaque fois que nous arrivions dans une localité, on nous parlait d'une Anglaise qui était passée par là quelques jours plus tôt. Il s'est avéré que cette touriste a été diagnostiquée positive au coronavirus à son retour au Royaume-Uni. Mais grâce à la technique de traçage (en fait, de simples listes que l'on remplissait avec nos noms, prénoms, numéros de téléphone et de passeport dans les bus, les trains, les hôtels, les restaurants et les sites touristiques), les autorités vietnamiennes ont réussi à reconstituer son parcours dans le pays et à isoler toutes les personnes susceptibles de l'avoir croisée. Des centaines de personnes se sont ainsi retrouvées coupées du monde – parfois placées dans des camps militaires – pendant plusieurs semaines, à cause du passage de cette Anglaise chez eux.

Cette histoire nous avait marqués. Surtout quand il s'agissait de choisir notre hôtel. Il était susceptible de devenir l'établissement de notre quarantaine. Néanmoins, à Hanoï, nous n'avons pas vraiment eu le choix. L'hébergement était bien situé, en plein centre. Mais tout y était laid. De vieilles cartes touristiques au mur, un sol brut qui n'a pas reçu de coup de balai depuis un certain temps, une toile cirée graisseuse sur une table faisant office de bureau, des bouquets de fleurs en plastique, des fils électriques partout (mais on a l'habitude) et une chambre aux odeurs d'égout. Quand on vous dit qu'il faut se serrer les coudes, ce n'est pas un conseil en l'air. Nous espérions néanmoins que cette chambre ne devienne pas notre cellule d'isolement…

Après avoir pris un café torréfié à la cannelle avec Huy, un prof de français natif d'Hanoï, parlant dans la langue de Molière avec un phrasé et une intonation parfaite, nous rejoignons nos compagnons d'infortune pour ce qui sera la dernière soirée avant la fin du monde.

Au cœur de cette capitale d'habitude grouillante mais qui affiche déjà le visage de la ville en état de siège, nous nous retrouvons à une centaine d'étrangers, les derniers des Mohicans, à boire des coups sur les trottoirs poussiéreux. Une petite dame s'est posée là avec un fût de bière. Elle nous sert à tour de bras, venant reprendre nos gobelets avant même qu'ils soient vides pour nous les remplir de nouveau. Il faut dire aussi que ses pressions sont les moins chères du monde : 30 centimes d'euro ! On rencontre des Suisses qui commencent à nous parler d'une rumeur : « Mon copain est ingénieur et il m'a dit que c'était les Chinois qui avaient fait exprès de répandre cette maladie ! » Les théories naissent toujours quand l'information et la raison font défaut. On rencontre des Anglais, derniers représentants du monde anglo-saxon sur cette péninsule indochinoise. Des Australiens sont là aussi, depuis le début de l'après-midi probablement. Ils rentrent chez eux demain, le pays devrait rapidement fermer ses frontières. Isis et Cécile noient leur chagrin. Le crachin lave le sol et les déceptions. Nous sommes dans le dernier réduit du monde où le futur ancien monde se retrouve pour la dernière fois, avant nous ne savons combien de temps…

La police fait des rondes, obligeant chaque vendeur de bière à ranger ses fûts et ses tables sous peine d'amende. Le spectacle se répétera au moins dix fois au cours de la soirée : inlassablement nous retrouverons notre petite dame, elle nous resservira tant que son baril restera plein et le manège des flics recommencera quelques minutes plus tard sous les « hourra » de la rue.

L'ambiance se détend à la faveur de cette *bia hơi*. Les larmes commencent à sécher comme la pluie sur le trottoir. Nous partons en exploration : un long couloir glisse sous un immeuble. C'est typique des constructions d'Hanoï. Notre hôtel est également conçu de cette manière. Sauf qu'ici, nous pénétrons dans un labyrinthe où les corridors intérieurs forment de véritables rues. Des gens vivent dans cette ambiance de cave, sans lumière.

Pourtant, des portes se succèdent. Des fenêtres sont même percées dans les parois des murs donnant sur le couloir sombre. Puis on tombe sur une espèce de cour. On pense qu'il s'agit d'un puits de lumière : impossible à distinguer en pleine nuit. En tout cas, l'odeur est prenante et un chat semble attablé devant un reste de viande avariée.

En ressortant de l'abîme au bout de quelques secondes, nous sentons nos portables vibrer : « Édouard Philippe ordonne la fermeture des bars et des restaurants dès ce soir minuit. » Ce n'est pas possible ! Interdits, nous lisons le message tour à tour. Pas le temps de réfléchir, quitte à être au bout du monde dans une ambiance de fin du monde, Pierre appelle sa mère, l'informe de la nouvelle et lui demande instamment de rester chez elle, de ne sortir qu'en cas de nécessité absolue et, surtout, de faire en sorte que ses grands-parents ne sortent plus du tout.

Le ton devait être vraiment inquiétant pour que le message soit passé aussi facilement. Véronique, la mère de Pierre lui expliquera plus tard qu'il avait l'air vraiment paniqué. Mais au moins, pour sa famille, le confinement aura commencé avec quelques jours d'avance.

Impossible de poursuivre la soirée. Nous rentrons nous coucher. La peur pour nos proches, loin, a raison de notre esprit cartésien. Autant nous arrivons à contrôler nos émotions quand le danger peut se présenter à nous, autant quand cela touche des gens que l'on ne peut pas voir, la panique la plus élémentaire peut ressurgir. Nous savons que nous venons de vivre notre dernière soirée d'insouciance teintée de joie, mêlée d'inquiétude, à l'unisson des Parisiens, comme si nous étions ici et en même temps chez nous. Notre génération de trentenaires déjà marquée par les crises économiques, les bouleversements climatiques et les attaques terroristes, entre dans une nouvelle ère d'incertitude. Et notre couple ?

Le lendemain, on s'achète un paquet de UNO : on prévoit des heures (voire des jours) à devoir patienter. Nous récupérons nos bagages à l'hôtel qui ferme ses portes derrière nous : « Voilà, vous étiez nos derniers clients jusqu'à nouvel ordre. On ferme ! » La grille claque et nous nous mettons à accélérer le pas : il ne faudrait pas rater notre bus pour l'aéroport Noi Bai.

Nous le voyons débouler depuis le périphérique. Il fait déjà nuit noire et la pluie recommence à tomber. Nous courons et arrivons essoufflés dans le car sous le regard médusé d'une dizaine d'Occidentaux qui fuient comme nous le Vietnam. Dernière sensation du pays. Dernière poche de « résistance » dans ce bus qui nous accompagne jusqu'à notre prochaine destination (si nous y parvenons).

Hanoï était notre petit village d'irréductibles *backpackers*. Nous voyons défiler les dernières lumières de la cité à travers les gouttes qui perlent sur les vitres de notre bus. L'inquiétude est sur tous les visages. Les sacs ont été faits à la va-vite. Les K-Way sont de sortie. Les masques bien vissés sur notre nez et notre bouche. Un silence oppressant se prolonge dans le véhicule jusqu'à Noi Bai. Nous descendons. Mais personne ne sait ce qui l'attend en entrant dans le terminal.

Nous vivons alors une scène maintes fois vue dans les journaux télévisés d'un pays en guerre où les passagers s'agglutinent dans les aéroports pour quitter au plus vite le territoire. Le hall de l'unique terminal international de l'aéroport d'Hanoï est noir de monde. Des Asiatiques, des Européens. Des vols qui s'annulent sur les écrans. Le nôtre ? Osaka est toujours annoncé à l'heure. Nous nous enregistrons et retrouvons Paul. Nous nous promettons de nous revoir à Tokyo. Nous nous embrassons d'un léger effleurement sur l'épaule.

Nous patientons en regardant les actus françaises. L'Élysée annonce une allocution d'Emmanuel Macron dans la soirée. Nous serons dans l'avion. Nous observons les derniers Occidentaux du Vietnam se prenant la tête car leur vol est annulé ou parce qu'il n'y a plus de place dans le dernier avion pour Moscou… Osaka ? Toujours à l'heure !

Passage de frontière rapide : les Vietnamiens préfèrent – dans le contexte – nous voir partir qu'arriver. Notre avion est là. Jusqu'au décollage, nous nous tenons par la main. Nous quittons l'espace aérien : notre tour du monde obtient du sursis !

Vous allez nous dire qu'en voyage à l'étranger ou chez nous en France seule la routine peut être un danger pour un couple. Changer de lieu, de langue, de culture, de coutume quasiment tous les jours peut paradoxalement devenir une routine. Agréable et enrichissante, certes. Mais il faut aussi casser le rythme par des petites attentions, célébrer des événements. Nous mettons évidemment l'apparition de la pandémie à part quand on parle de « casser le rythme ».

Il ne faut jamais oublier de fêter un anniversaire : nous avons pris comme habitude de choisir le meilleur hôtel de l'endroit où on se trouvait. Ce qui est génial, c'est que c'était le hasard qui dictait le lieu de cet événement. Ainsi, nous nous sommes retrouvés sur les « 4 000 îles » du Mékong, au Laos, pour un anniversaire de Matthieu, à Phnom Penh pour celui de Pierre, puis à La Paz et dans le *salar* d'Uyuni en 2020. Idem pour Noël célébré à Bangkok puis à Lima ou le Jour de l'An fêté à Chiang Mai avec nos amies Lisa et Sophie et sous couvre-feu à Arequipa. Il faut, nous le pensons, continuer à avoir ces quelques repères dans l'année. Comme la Saint-Valentin avec un bon resto – malgré notre gastro – à Siem Reap ou sur un cheval dans les paysages de Far West de Tupiza, en Bolivie. Enfin, le beaujolais nouveau n'arrive pas forcément le troisième jeudi de novembre à Bagan ou à Mompox, mais nous avons pu trinquer à distance grâce à du vin d'Inle et du liquoreux de corozo – et nous pensons avoir gagné au change.

Ne jamais tomber dans la routine. Continuer à avoir des attentions l'un envers l'autre. Faire des concessions aussi. Comme lorsque Matthieu voulait absolument prendre un coucou de l'armée paraguayenne pour se rendre dans le nord du pays – l'avion venait d'avoir deux accidents dont un mortel – et redescendre par le fleuve sur un bateau-épicerie, Pierre a pris sur lui. Par chance, un horrible orage s'est abattu sur le pays la veille de notre décollage : la piste est devenue impraticable. Nous avons dû renoncer à ce projet. Mais après tout, ce n'est pas comme si nous manquions dans ce voyage de moyens de transport improbables.

XIX

« Montez ! Je suis un moine ! »

Barrancabermeja, Colombie,
mardi 17 novembre 2020

Peu de voyageurs ont saisi l'occasion de faire étape à Barrancabermeja. Il faut reconnaître que cette ville cache très bien ses qualités. Surnommée « la bouche des enfers » par ses habitants, elle est à la fois la capitale pétrolière et le lieu le plus chaud de la Colombie. Son paysage n'est que cheminées enflammées à perte de vue, avec pour effet qu'il fait encore un peu jour même la nuit. Le ciel est le plus souvent encombré de nuages gris formés par les fumées des usines, un gris que l'on retrouve aussi sur les façades étiolées des immeubles et sur le visage des salariés d'Ecopetrol, la compagnie nationale. Il n'y a pas de site historique, pas de musée, pas de monument en dehors du Cristo Petrolero : le Christ pétrolier, une statue métallique de 26 mètres de haut qui trône sur le marais avec en toile de fond la plus grande raffinerie du pays. C'est d'ailleurs à un de ses ouvriers que l'on doit cette œuvre.

C'est dire notre motivation, nous avons emprunté un bus puis un *colectivo*, pour un total de sept heures de trajet, afin d'arriver ici. Nous étions auparavant à Barichara, le plus charmant village de Colombie. Ce soir-là, lorsque nous descendons du véhicule, la nuit vient de tomber et les rues de Barrancabermeja se sont déjà vidées de leur population. Il ne reste guère que des sans-abri abandonnés à leur misère et des déchets laissés au vent. Surtout, nous ressentons à chaque inspiration cet air si épais qu'il colle aux poumons et ce goût d'essence si prononcé qu'il se fixe à la bouche. Notre corps mettra plusieurs jours à s'en libérer.

Barrancabermeja n'étant pas une destination courante, les hôtels s'y font rares. Nous en avons déniché un sur maps.me, que nous avons ensuite contacté par WhatsApp pour nous assurer qu'il était bien ouvert. La réceptionniste du Corales del Mar – l'hôtel des Coraux, un nom surprenant pour le lieu – s'est montrée particulièrement enthousiaste et nous a proposé un prix attractif. Nous comprenons pourquoi à notre arrivée.

L'établissement n'a pas d'entrée sur la rue, il faut gravir un escalier de béton et sonner à une lourde porte en fer forgé au premier étage. Une dame aux cheveux filasses surgit avec un énorme trousseau à la main, un peu comme celui de Passe-Partout. Elle nous amène dans une réception basse de plafond et mal éclairée, nous demande de payer d'avance puis nous accompagne à la chambre au dernier niveau du bâtiment. Les murs sont invariablement poisseux, l'éclairage composé de néons blancs qui clignotent. Un tuyau fait office de douche. Il règne une chaleur étouffante avec pour seule climatisation un petit ventilateur rouillé et bruyant. Nous voulons ouvrir la fenêtre pour créer un courant d'air, mais nous nous ravisons aussitôt : le mur extérieur est couvert de cafards qui ne demandent qu'à entrer.

C'est sans nul doute l'un des hôtels les plus glauques de notre tour du monde, bien plus proche d'un lieu de passe pour routiers que d'un hébergement touristique, mais c'est aussi le genre d'hébergement « cocasse » qu'on aime se remémorer au retour. Cette soirée est d'autant plus inoubliable que nous la passons devant la télé à regarder l'élection de Miss Colombie, aux côtés de la réceptionniste, tout en dévorant du poulet frit. Les Colombiens adorent ce concours de beauté. La nuit est courte, à cause de la température et du matelas défoncé mais aussi parce que nous faisons sonner le réveil à 5 heures du matin. Nous pouvons enfin révéler la raison de notre venue : nous sommes ici pour la *chalupa* du *río* Magdalena.

Oui, notre monument à nous, à Barrancabermeja, c'est un bateau-bus. Il part chaque jour aux aurores pour desservir des villages et hameaux qu'on ne peut atteindre que par le fleuve. Il permet à leurs habitants semi-coupés du monde de rejoindre ponctuellement la ville. Il leur apporte aussi le matériel et les produits de première nécessité. Six heures plus tard, l'embarcation atteint son terminus : El Banco, une ville au nom et aux apparences de Far West, porte d'entrée de l'État de Magdalena et de la mer des Caraïbes.

Un crachin lave les rues de la cité pétrolière lorsque nous quittons avec entrain le Corales del Mar. Nous rejoignons à pied le petit port fluvial pour découvrir pour la première fois le *río* Magdalena. C'est en fait un véritable monstre, large de plusieurs centaines de mètres, solide, boueux, qui charrie les troncs comme de vulgaires brindilles. Nous sommes en fin de saison des pluies, plus d'un tiers de la Colombie subit de graves inondations. Le *río* Magdalena, qui prend sa source 1 000 kilomètres plus au sud, quasiment à la frontière avec l'Équateur, s'est gavé en chemin. Il est à son plus haut niveau de l'année, mordant sans gêne sur les pâturages alentour en léchant les pieds du bétail.

C'est l'heure où les pêcheurs en ciré jaune reviennent avec leur cargaison. Ils ont passé la nuit à se battre avec le fleuve pour en extraire leur butin. Nous prenons une omelette et un café à leurs côtés, entre les caisses de poissons, en leur jetant un regard admiratif qui les étonne. Nous nous présentons ensuite au comptoir de l'embarcadère. « Exceptionnellement, le bateau partira à 9 heures », nous annonce le guichetier. Nul autre choix que d'attendre. Nous retournons auprès des pêcheurs et en profitons pour appeler nos familles – en France, c'est déjà l'après-midi.

Nous montons à bord, seuls étrangers parmi une quinzaine de Colombiens qui s'interrogent sur notre présence d'un sourcil relevé. Nous sommes affublés d'un épais gilet de sauvetage orange. La *chalupa*, frêle esquif à la coque en plastique, s'élance enfin sur le fleuve. Le capitaine est un champion : tout en se laissant porter par le courant, il ajuste notre trajectoire d'un œil sûr pour éviter les arbres et autres débris flottants. Pendant ces six heures, nous ne le verrons jamais baisser la garde et c'est avec une sincère reconnaissance que nous le saluerons à l'arrivée.

Comme nous l'espérions, chaque halte raconte une histoire. Dans ces hameaux de bord de fleuve, nous rencontrons une autre Colombie qui vit à côté de la mondialisation. Les traits des visages sont plus durs, marqués par une vie d'inconfort et de travail sévère. Les corps sont davantage pliés, abîmés, soumis à la violence de la nature et à l'absence de soins médicaux. Souvent les habitants accueillent le bateau attroupés sur le quai, avec de grands saluts du bras. L'embarcation est l'unique visiteur de la journée. Nous voyons un élève en internat retourner enfin chez ses parents, un autre quitter pour la première fois son foyer à grandes embrassades. Il y a une femme enceinte qui part accoucher à l'hôpital et un mari qui n'a que ses jours chômés pour revenir auprès de son épouse. Plus déroutant, cette famille dont la maison est plantée sur le marais, isolée de tout. Elle nous attend impassible sur le rivage. Le père a la machette à la ceinture, les enfants sont en guenille. Le capitaine et son mousse déchargent du bateau un grand colis posé sur le toit. C'est un cercueil mauve criard. Planté au-dessus de nos têtes, nous ne l'avions pas remarqué jusque-là. Chaque membre de la famille en saisit une poignée et nous les voyons s'éloigner dans les hautes herbes. Dans leur demeure branlante les attend un proche dont ils veillent depuis plusieurs jours déjà la mort.

Nous avons appris au fil de notre voyage que les plus belles histoires se nouent dans les transports. C'est pour cela que nous avons fait tant de chemin juste pour prendre le bateau de Barrancabermeja. Les transports nous disent toujours énormément d'un pays, d'une population, des liens humains, bien plus qu'un lieu « incontournable » des guides touristiques. Ce sont des lieux de discussion et de rencontre, où les barrières sociales tombent au gré des difficultés. La Colombie est parfaite pour cela, tant ses routes sont dégradées et les aléas nombreux. Jamais nous ne sommes arrivés à l'heure dite. Le bus que nous prendrons ensuite à El Banco, pour rallier Mompox, mettra trois heures pour parcourir 70 kilomètres. Deux semaines plus tard, l'autocar qui assurera le trajet Armenia/Bogota aura besoin de quinze heures pour accomplir 270 kilomètres. Chaque fois, nous travaillerons notre espagnol en sympathisant avec les autres voyageurs : des partenaires d'infortune qu'on quitte à l'arrivée comme de bons vieux amis.

En Birmanie, l'un d'entre nous passe une douzaine d'heures dans un bus de nuit sur un siège doublement cassé, tenant d'une main son dossier pour qu'il ne s'effondre pas vers l'arrière, de l'autre main son assise pour ne pas se retrouver les fesses au sol. L'autre, au contraire, fait l'une de ses meilleures nuits. Dans le même pays, nous nous heurtons à la lenteur du chemin de fer : onze heures pour les 300 kilomètres séparant Naypyidaw et Pégou quand on met moitié moins par la route. En Inde, nous n'avons que de bonnes expériences avec le train, toujours ponctuel malgré le mal qu'on nous en avait dit. Les bus sont plus aléatoires, soumis aux crevaisons entre autres avaries mécaniques. Nous abandonnons en cours de route celui chargé de nous amener au centre de Bombay, l'immense véhicule à étage se montre incapable de manœuvrer dans les embouteillages. Au Pérou, nous avons des sueurs froides dans le *colectivo* qui nous conduit à Hidroelectrica – d'où il est ensuite possible de rejoindre le Machu Picchu à pied. En Bolivie, l'état des autobus est effrayant. Les petites compagnies locales – les moins chères, donc celles que nous privilégions – semblent n'avoir aucune préoccupation de l'entretien. Nous pouvons parfois admirer le bitume depuis notre siège tant le plancher est percé.

Nous recourons au vélo pour découvrir la plaine des temples de Bagan et les rives du lac Inle. Nous les connaissons successivement grinçants, sans frein, sans sonnette, sans chambre à air parfois. Quand le vélo ne suffit plus pour tenir les distances, nous voulons apprendre le scooter. L'occasion se présente à Ko Phayam, une petite île de Thaïlande située à la frontière birmane. « J'ai un ami qui va vous l'enseigner, avait promis notre logeur, demain après le petit-déjeuner. » Nous l'attendons des heures durant. « Le matin, il dort, mais il va arriver ce midi. » Toujours sans nouvelle vers 15 heures, nous partons à la plage. À notre retour, en fin d'après-midi, il est enfin là.

Il nous conduit à l'école du village, l'un des rares endroits au sol bitumé. La leçon dure une minute montre en main : « Ça, c'est pour démarrer. Dans ce sens, tu accélères, dans l'autre sens, tu ralentis. Vas-y, essaye. » Nous faisons trois fois le tour de la cour et la sentence tombe : « C'est bon, vous savez faire. Je vous prête le scooter, c'est gratuit. Allez vous promener, mais faites le plein en revenant. » Il n'existe qu'une piste vaguement cimentée, traversant l'île de part en part. Nous l'empruntons jusqu'à la pointe sud, pour observer le coucher du soleil. Le scooter devient dès lors notre nouveau jouet pour découvrir des régions en autonomie. Il nous vaut de manger des graviers au Laos et de la poussière au Cambodge. Puis on l'oublie une fois arrivés en Amérique latine, où les deux-roues se font plus rares.

« Montez ! Je suis un moine ! »

Mais c'est sûrement l'auto-stop le moyen de transport qui nous amène aux plus belles rencontres. La première fois que nous recourons à ce procédé, c'est au Ladakh, dans les contreforts de l'Himalaya. Cette région de l'Inde, perchée à 3 500 mètres d'altitude, dont la frontière est disputée avec la Chine, est célèbre pour ses monastères bouddhistes. Pour les visiter, il est recommandé aux touristes de prendre un chauffeur à la journée. Comme nous avons le temps et que nous sommes têtus, nous préférons les transports collectifs. Le bus nous laisse à Karu, un bourg mouillé par l'Indus d'où l'on peut rejoindre les monastères d'Hemis et de Chemrey, chacun niché sur un versant opposé de la vallée. À la fin de la visite du second, le jour déclinant, nous nous décidons à dresser le pouce sur le bord de la route pour redescendre plus vite. Après quelques tentatives infructueuses, un conducteur accepte de s'arrêter : c'est un moine, vêtu de sa robe traditionnelle rouge sombre et jaune, de grandes lunettes de soleil sur le nez. « Montez ! Je suis du monastère, je vous ai vus le visiter », nous dit-il avec le sourire. Il passe le trajet à nous faire la conversation dans les quelques mots d'anglais qu'il a pu apprendre. Il nous demande d'où nous venons, ce que nous faisons, pourquoi nous nous intéressons au Ladakh. Il nous explique qu'il va faire des courses pour ses condisciples. À Karu, tandis que nous attendons le bus du retour, nous le revoyons plusieurs fois passer, échangeant des politesses avec les habitants et les militaires qui gardent la zone, les bras toujours plus chargés de ballots.

Si on peut facilement être pris en stop en Asie, la pratique est plus rare en Amérique latine. Dans des pays comme le Mexique et la Colombie, la société reste marquée par des décennies d'enlèvements crapuleux et de racket : encore aujourd'hui, on ne fait pas monter un inconnu dans sa voiture. C'est plus simple au Pérou, en Bolivie et, surtout, au Paraguay. Ce dernier manque cruellement de lignes de bus, alors les habitants ont l'habitude de se rendre service. C'est en « camion-citerne stop » que nous traversons le désert du Chaco pour entrer dans le pays, avec l'aide d'un routier bolivien. C'est en « pick-up stop » que nous rejoignons la colonie mennonite de Filadelfia. Et c'est en « camionnette stop » que nous atteignons deux semaines plus tard, à quelques encablures de l'Argentine, les ruines de la mission jésuite de Jesús de Tavarangüe. Ce jour-là, ce sont quatre ouvriers de chantier qui nous ouvrent leur remorque. Cheveux au vent, poussière dans les yeux, les mains fermement arrimées à la carlingue, on se sent à cet instant plus vivant que jamais.

XX

Glamour et ironie

Lima, Pérou, mercredi 23 décembre 2020

Les quartiers chics de Lima abritent une pépite pour tout voyageur français nostalgique de son pays. Au numéro 982 de la Avenida Santa Cruz se trouve la boutique Délifrance où l'on déniche pêle-mêle des viennoiseries au beurre, toutes sortes de charcuteries et des dizaines de variétés de fromages parfaitement affinés. Nous découvrons ce temple de la gastronomie française pour les fêtes de fin d'année. Nous avons dans l'idée d'élaborer un menu de réveillon aussi tricolore que possible, histoire que nos papilles nous ramènent un instant à la maison.

Dans les allées du magasin, la bourgeoisie péruvienne se presse avec intérêt : il n'y a pas plus chic que de servir une spécialité *made in* France à sa table ! Nous ne savons pas nous-mêmes où donner de la tête, tant les tentations sont nombreuses. Nous ressortons avec une baguette sous le bras, de la terrine de foie gras, du saumon fumé et du saint-nectaire dans un sac. La main qu'il nous reste porte déjà à notre bouche un pain au chocolat croustillant à souhait (traduction : « Nous mangeons une bonne chocolatine »).

Ces petits bouts de France, nous avons eu le bonheur d'en trouver aux quatre coins de la planète, car notre pays est celui qui rayonne le plus positivement dans le monde. Ce n'est pas être chauvin que de le dire. De l'Inde au Japon, en passant par toute l'Asie du Sud-Est, du Mexique au Brésil, en descendant la côte est de l'Amérique du Sud, nous avons toujours vu les yeux de nos interlocuteurs s'illuminer lorsque nous leur annoncions notre pays d'origine, et plus encore notre ville : Paris.

Bien souvent, c'est vrai, leur vision était un peu restreinte : le luxe, la mode, l'amour. Il n'y a pas une seule ville au monde où les instituts de beauté et de coiffure n'affichent sur leur enseigne le logo de la tour Eiffel. Suit très vite dans les discussions « le Paris-Saint-Germain, Neymar et Mbappé » – Messi n'avait pas encore signé. Nous sommes d'ailleurs restés bouche bée devant l'omniprésence du maillot du club parisien : même dans les rizières birmanes ou sur l'Altiplano péruvien, des jeunes l'arborent. À Rio de Janeiro, il concurrence jusqu'au maillot des Flamengo. Parfois, on nous citait le nom d'Emmanuel Macron. Les plus anciens mentionnaient plus aisément Jacques Chirac. À Calcutta, un chauffeur de tuk-tuk nous parla même d'Anne Hidalgo pour le plus grand plaisir de Matthieu.

Mais la France, au-delà du glamour, de ses clubs de foot et de ses responsables politiques, est aussi connue pour ses valeurs. « C'est le pays des droits de l'homme », nous a-t-on maintes fois clamé avec ferveur. Ce n'était jamais une phrase toute faite : elle était porteuse de sens. Elle s'accompagnait d'une forme d'espoir, comme si la France se devait d'être de tous les combats pour la liberté et l'égalité des droits. Nous ne nous attendions pas à ce que notre pays constitue à ce point un rêve et une promesse.

Dans notre vie quotidienne, nous avions plutôt l'habitude de râler sur ce qui ne va pas et d'oublier ce qui fonctionne bien. On se réveillait rarement le matin en pensant à la chance qu'on a d'être Français. À une dizaine de milliers de kilomètres de Paris, nous avons tous les deux pris conscience du caractère unique et précieux du modèle social français. La pandémie de Covid-19 a encore accentué le contraste entre ce qui existe chez nous – la gratuité des soins, le chômage partiel – et qui fait cruellement défaut ailleurs.

Dans l'essentiel des pays du monde, au plus dur de la crise, nous avons vu des citoyens livrés à eux-mêmes. Le confinement était d'abord une privation de ressources, comme en Colombie où les familles les plus pauvres accrochaient à leur fenêtre un drap blanc pour demander qu'on leur dépose sur le perron de quoi manger. Les autorités mexicaines ne se sont jamais résolues à interrompre les activités économiques, justement parce qu'elles craignaient que la misère fasse finalement davantage de morts que la maladie. Le décalage entre cette réalité et les débats parisiens qui nous parvenaient au même moment nous parut plusieurs fois lunaire.

La France est aussi connue parce qu'elle a partagé son histoire avec le reste du monde. De la colonisation de l'Indochine française à la tentative d'établissement d'une France antarctique au Brésil, notre présence a laissé des traces et des souvenirs dans de nombreux territoires. À Pondichéry, nous avons côtoyé quelques-uns des milliers de Tamouls qui ont acquis la nationalité française en 1962 sans jamais avoir vu la France depuis. Sur les vestiges de la bataille de Puebla, nous avons découvert que le Mexique fut, pour un court moment, un territoire français. Plus contemporain, dans le *salar* d'Uyuni, en Bolivie, nous avons marqué l'arrêt devant la statue de sel construite en hommage au Rallye Dakar qui y fit étape de 2014 à 2018. Toujours en Bolivie, la capitale, Sucre, arbore dans son parc du centre-ville une tour Eiffel miniature, véritablement sortie des ateliers Eiffel et acheminée jusqu'ici en pièces détachées. Cet héritage a laissé des liens très forts. Chaque pays, chaque ville, presque chaque habitant, a un petit morceau d'histoire commune avec la France à raconter.

Ces liens sont d'autant plus palpables que la France bénéficie d'un réseau unique pour les faire vivre : les Alliances françaises. Nous y avons régulièrement fait étape, par envie d'échanger quelques mots dans la langue de Molière ou simplement par curiosité de voir à quoi elles ressemblaient. Comme à Asunción, au Paraguay, nous y avons parfois troqué le livre que nous venions de terminer contre un nouvel ouvrage. Comme à Vientiane, au Laos, nous y avons d'autres fois profité d'une pâtisserie assortie d'un café. Dans ces Alliances françaises, nous avons encore fait de belles rencontres. Nous avons partagé un déjeuner avec une famille de routards dans la cour de celle de Brasilia, dont la première pierre fut posée par Malraux. Sur le toit en torchis de celle de Leh, en Inde, la plus haute Alliance du monde, nous avons discuté avec un jeune enseignant dont l'ambition est d'apprendre à ses élèves bouddhistes les principes de l'ironie. Vaste projet, tant ce jeu du langage est inconnu au-delà de nos frontières.

C'est l'une des limites du rayonnement actuel de la France : la barrière de la langue. « C'est bien plus compliqué à apprendre que l'anglais », regrette Ricco, un Hongkongais rencontré à Bali et désormais expatrié à Londres. Apprendre le français, c'est aussi dans beaucoup de pays un investissement onéreux. Au Rajasthan, nous croisons le chemin de Raj, un guide francophile. « Les écoles de français sont rares, donc les prix sont élevés. J'ai dû économiser plusieurs années avant de pouvoir me payer trois mois de cours intensifs en laboratoire de langue », nous explique-t-il. Ainsi, toute une génération qui préférerait apprendre notre langue, car elle ouvre des opportunités professionnelles notamment dans le secteur du tourisme, se retrouve finalement à choisir l'anglais. Quel gâchis, tant la France, en les formant, gagnerait des ambassadeurs fidèles et créatifs !

XXI

Du rêve à la réalité

Aguas Calientes, Pérou,
vendredi 10 janvier 2021

Certaines destinations appartiennent, pour des générations entières, au domaine du rêve. Le seul fait d'invoquer leur nom fait l'effet d'une cure de sérotonine, même au cœur d'un printemps froid et pluvieux. Elles nous font ressentir un doux frisson d'envie sur la peau. Toute une imagerie faite de réel et de fantasmes se déploie dans notre esprit. La pensée de nous y rendre un jour suffit à nous projeter vers un avenir heureux.

Le Taj Mahal, les temples d'Angkor et les pyramides de Gizeh font sans nul doute partie de ces destinations. Certains, vivant sur d'autres continents, diront à raison que la tour Eiffel en est aussi. Mais il existe un lieu iconique qui les surpasse tous. Il se nomme Machu Picchu.

Il y a une part de mystère dans la façon dont le Machu Picchu s'est aussi magnifiquement imposé au monde. En ce qui nous concerne, il est plus simple de remonter aux origines du rêve. Nous avons grandi avec les albums de Tintin et les épisodes des *Mystérieuses Cités d'or.* Ados férus d'histoire, nous nous sommes passionnés pour les livres et documentaires consacrés à la civilisation inca. Plus tard, nous avons lu Patrick Cauvin et Pablo Neruda. Il n'en fallait pas davantage pour édifier le mythe.

Quand nous atterrissons à Lima, mi-décembre 2020, des années d'espoir se voient soudain récompensées. C'est comme un poids qui disparaît sur nos épaules. Sur le tarmac de l'aéroport, nous nous exclamons pour nous-mêmes : c'est fait, nous voici au Pérou ! Dans le contexte de la pandémie et des fermetures incessantes de frontières, ce simple fait tient déjà du miracle. À présent, nous ne sommes plus qu'à quelques centaines de kilomètres de Lui. Rien ne peut plus nous faire barrage. Une poignée de semaines à patienter et, enfin, nos pas nous y mèneront.

Cet optimisme triomphal s'efface dès notre arrivée à l'hôtel, lorsque le réceptionniste nous informe des dernières actualités. Nous savions déjà que, au gré des évolutions sanitaires, le Machu Picchu faisait le yoyo entre ouverture et fermeture. Totalement clos du printemps à l'automne 2020, son accès fut d'abord réautorisé en septembre aux Péruviens, puis en novembre aux quelques étrangers toujours dans le pays. En arrivant un mois plus tard, nous pensions être assurés d'y pénétrer. « Mais la situation est réévaluée chaque semaine et c'est l'incertitude totale pour la suite », nous indique notre hôte, avec une délicatesse dans la voix à la hauteur de son inquiétude quant à ce que sera notre réaction. Il nous apprend ainsi que les billets sont vendus au compte-gouttes, presque au jour le jour. « Vous devrez attendre d'être au plus près pour pouvoir les acheter. » Un comble, quand en temps normal il faut se presser de les réserver plus d'un mois à l'avance.

Comme si la pandémie ne suffisait pas, « un important conflit social a éclaté », poursuit l'homme, toujours avec des pincettes dans la voix. Les Péruviens sont en lutte depuis des années contre la compagnie de train PeruRail, qui dessert le village voisin du Machu Picchu. Ils lui reprochent – et leur combat est juste – d'appliquer des tarifs prohibitifs qui interdisent de fait ce train à la population locale. Depuis que le tourisme international est à l'arrêt, la situation s'est encore envenimée. PeruRail a pris la décision très discutable de laisser ses wagons rouler… quasiment à vide, plutôt que de saisir cette occasion pour brader les prix en faveur des familles quechuas. Les manifestations ont pris tellement d'ampleur que les autorités craignent des violences. « À titre préventif, elles viennent de décréter la fermeture du Machu Picchu jusqu'au retour au calme », annonce le réceptionniste.

Cette fois, la sentence nous assomme. Alors que nous sommes si près du but, devons-nous nous faire à l'idée qu'il restera inatteignable ? Il nous faudra attendre la dernière minute pour le savoir.

Les trois semaines qui suivirent cette annonce auraient pu sembler parmi les plus longues de notre vie. Mais le Pérou sait heureusement cultiver la patience de ses visiteurs tant il recèle d'autres trésors patrimoniaux et naturels. Nous nous surprenons d'abord à adorer Lima, souvent dénigrée comme « moche », « triste » ou « polluée ». Il est vrai que, dix mois dans l'année, son ciel est invariablement gris. Nous avons au contraire la chance d'y séjourner sous un soleil radieux, l'été austral accentue certainement notre affection pour cette ville. L'accueil des habitants y est aussi pour beaucoup, eux qui viennent nous saluer dans la rue pour nous souhaiter la bienvenue et s'enquérir des raisons de notre présence. Le Covid-19 a chassé les touristes depuis un an. Nous comprenons que l'apparition soudaine de nos deux mines d'Européens suscite autant la curiosité qu'elle n'éveille l'espoir d'un retour prochain à la normale.

Dans la cordillère Blanche de Huaraz, nous tutoyons pour la première fois le toit des Andes. Nous dépassons les 5 000 mètres. L'altitude nous chavire – elle deviendra plus tard une habitude qui ne nous ralentira plus. Notre cœur palpite au contact de ces vallées encaissées, où les glaciers côtoient les sources chaudes et où nous rencontrons le *kitanga*, une plante survivante de la préhistoire qui met un siècle à fleurir, pour mourir aussitôt ses pétales fanés. Sur la côte, enfourchant des VTT, nous nous émerveillons devant le parc naturel de Paracas, avec ses lions de mer et otaries, ses flamants roses, pélicans et milliers d'autres oiseaux, ses plaines désertiques où le vent claque sur nos visages, ses falaises rougeoyantes qui rompent brutalement l'élan des vagues de l'océan turquoise.

Le Pérou est aussi un émerveillement culinaire, de l'indétrônable ceviche aux inimitables *chicha morada y blanca*, jusqu'au curieux *cuy* – qu'il convient de prononcer « couille », en assortissant la commande d'un rire potache qui étonne le serveur. C'est encore devant les eaux foisonnantes du Pacifique que nous savourons ce que nous appelons depuis « les meilleures coquilles Saint-Jacques de notre vie ». Même la gueule de bois du premier jour de l'an donne prétexte à une dégustation : le dicton populaire veut qu'il n'y ait pas mieux que l'*adobo arequipeño* pour la surmonter. Et que dire des savoureuses truites du lac Titicaca, que nous accompagnons d'un verre d'infusion de *muña* lors de notre séjour sur l'île d'Amantani ?

Devant tant de gourmandises visuelles, olfactives et gustatives, le Machu Picchu parvient à s'effacer un peu, mais il n'est pas oublié pour autant. À chaque rencontre avec le peuple quechua, devant la diversité folle de chaque étal de maïs, dans les galeries de chaque musée – et en particulier devant la célèbre momie glacée de Juanita à Arequipa, sur chaque sentier pavé dont nous imaginons l'histoire d'antan, les Incas sont là, et leur cité perdue se redessine soudain sous nos yeux. Lorsqu'un bus branlant nous conduit de Puno à Cuzco, nous ne parvenons plus à retenir notre impatience. Nous n'avons plus que le nom de Machu Picchu à la bouche, et nous en sommes certains : notre bonne étoile, celle qui fait depuis un an et demi de ce voyage un bonheur quotidien, nous permettra bientôt de le fouler du pied.

Cuzco est un coup de cœur. La cité impériale est identique à la carte postale qu'on nous avait décrite, avec la vie en plus. Son centre historique, où les bâtiments des conquistadors chevauchent les fondations incas, est d'une absolue beauté architecturale. Ce sont en particulier les murs qui frappent nos esprits, faits de blocs monumentaux taillés et imbriqués avec un souci du détail et de la perfection qui dépasse l'entendement. Ils ont survécu à tous les séismes. Symbole de ce chef-d'œuvre de maçonnerie : la pierre à douze angles de la rue Hatun Rumiyoc, devant laquelle les Péruviens eux-mêmes se bousculent, afin de l'immortaliser en photo. Car, après trois décennies de tourisme de masse, ce ne sont plus les routards européens ou les groupes de visiteurs chinois qui envahissent les ruelles, mais bien les Cuzquéniens des quartiers périphériques et de nombreux voyageurs nationaux, venus admirer ce patrimoine mondial qui est d'abord le leur, qu'ils se réapproprient dans une allégresse communicative.

Même le marché San Pedro, qui avait acquis ces dernières années une réputation « d'attrape-touriste », est redevenu bruyant et bordélique à souhait, réunissant à l'heure du déjeuner toutes les catégories sociales autour d'*almuerzos* bon marché. Sur la Plaza de Armas, les démarcheurs se font rares, remplacés par des groupes de jeunes qui discutent et des couples qui s'embrassent. La cathédrale Notre-Dame-de-l'Assomption est redevenue un lieu de ferveur avant d'être un musée. Les bars ont revu le prix de la bière – la bien nommée Cusqueña – à la baisse pour s'adapter à cette nouvelle clientèle.

Nous posons nos sacs à La Maison, une petite chambre d'hôtes du quartier de San Blas tenue par Claire et Juan, un couple franco-péruvien, avec leurs deux enfants. Cinq chambres, une grande salle à manger où l'on partage les repas, une minuscule véranda où l'on se pose pour admirer les toits en tuiles. La promesse est tenue : dans cette bâtisse à taille humaine, qui respire la simplicité et l'harmonie, et où se mêlent sans distinction les langues de Molière et de Cervantès, nous nous sentons bien « comme à la maison ».

Elle est notre pied à terre pendant tout notre séjour dans la Vallée sacrée. Nous la quittons certaines nuits pour découvrir les villages alentour, une fois aussi pour faire la fête jusqu'à l'aube dans une maison voisine, avec le doux plaisir de la retrouver le lendemain. Chaque matin, Claire nous réveille avec le même sourire, en nous servant un délicieux petit-déjeuner, tandis que Juan joue le papa poule avec ses fils qui courent autour de la table en agitant leurs figurines de dinosaures.

Sur les conseils du couple, nous partons découvrir les collines qui dominent Cuzco. Il y a bien sûr le site inca de Sacsayhuamán et le christ blanc de Pukamuqu qui lui fait face, mais aussi, un peu plus loin, une demi-douzaine de ruines mineures – Tambomachay, Puca Pucará, le temple de la Lune, Qenko… – qui, reliées à pied, se transforment en une randonnée enchanteresse. Nous croisons des troupeaux de moutons et de lamas, suivons le fin tracé des cours d'eau pour tomber, au pied d'un massif rocheux, sur des vestiges qui ne figurent encore sur aucune carte. Au revers d'un gigantesque monolithe, nous pénétrons dans une grotte comme nous franchirions une faille temporelle. Ici, des bergers célèbrent les messes incas comme elles se déroulaient déjà six siècles plus tôt. Les murs sont noircis par la fumée des bougies, la cire est encore tiède, quelques fleurs des champs viennent d'être déposées en offrande au pied de figures naïves en pierre et en bois dont on devine qu'elles ont chacune traversé les âges. Nous nous attendons à voir surgir derrière nous un grand prêtre avec sa tunique tressée, son pagne aux motifs géométriques et ses bracelets en or. Ressentirons-nous cela en posant pour la première fois notre regard sur le Machu Picchu ?

Attendre. Encore un peu. Nous arpentons la citadelle et les terrasses agricoles de Pisac, aménagées sur un flanc abrupt de montagne, à plus de 3 000 mètres d'altitude. Ce nid d'aigle – ou plutôt faudrait-il parler ici de nid de condor – protégeait l'entrée sud de la Vallée sacrée. Il abritait aussi plusieurs temples, dont un dédié au dieu Soleil. Nous sommes intrigués par la falaise voisine, picorée de centaines de niches : il s'agit d'anciennes tombes incas, pillées avant l'arrivée des archéologues et laissées depuis ouvertes aux vents. Nous poursuivons vers le village en contrebas, toujours habité, autour d'un plat d'*hidago encebollado* – du foie de bœuf aux oignons – accompagné d'une louche de riz. Nous partageons la table avec une famille de paysans, dont nous tentons sans succès de comprendre les propos : ils parlent en quechua. Des Occidentaux traversent la rue ; nous relevons la tête intrigués tant nous avons perdu l'habitude d'en voir. Une courte observation suffit à remarquer que ce ne sont pas des routards, ou en tout cas qu'ils ne le sont plus. Le corps couvert d'un poncho, un *chullo* vissé sur la tête, des objets en bois débordant de leur sac en laine : il s'agit de babas cool qui ont décidé de faire leur vie ici. En arpentant les ruelles, nous constatons qu'ils sont toute une communauté établie à Pisac, tenant tantôt des restaurants vegan, tantôt des boutiques artisanales. Eux aussi ont lu Cauvin, et ils n'en sont jamais totalement revenus.

Si Pisac est une halte réputée, d'autres sites archéologiques profitent encore d'un relatif anonymat. Un soir, un couple de voyageurs prend le ton de la confidence pour nous offrir le nom de Waqrapukara. « Une forteresse, nous soufflent-ils, en forme d'oreilles de lama directement taillées dans la montagne. » L'image a de quoi faire rêver ! Nous nous mettons dès lors en quête de renseignements. Pas de trace dans *Le Routard* et dans le *Lonely Planet* : c'est plutôt bon signe. Nous faisons le tour des nombreuses agences touristiques de Cuzco : une seule propose l'excursion. Elle prévoit justement d'affréter un minibus dans deux jours. Nous prenons date.

Le départ est fixé à 4 heures du matin. Nous sommes entourés d'une demi-douzaine de Péruviens, eux aussi attirés par le bouche-à-oreille. Alors que nous tentons tous de terminer notre nuit dans le véhicule, nos têtes sursautent en rythme au gré des nids-de-poule. Vers 7 heures, nous marquons l'arrêt pour petit-déjeuner. Notre guide profite de ce que nous ayons la tête dans la soupe pour entamer son récit. « Les fondations de Waqrapukara remonteraient au peuple qanchi, mille avant notre ère. Les Incas s'en emparèrent et le développèrent au XIVe siècle, le dédiant à l'observation des étoiles. La chute de l'empire, qui suit la conquête espagnole, efface ensuite le lieu des mémoires », nous détaille-t-il avec entrain. Ce n'est qu'au milieu du XIXe siècle que l'archéologue Luis Alberto Pardo explore et cartographie le site. Il faut toutefois attendre les années 2000 pour que des fouilles d'ampleur soient menées, puis 2017 pour qu'il soit protégé en tant que « bien culturel de la nation », l'équivalent de nos monuments historiques. Si cette reconnaissance lui a permis de gagner un peu en notoriété, les visiteurs restent rares en raison de son emplacement difficile d'accès.

Perchée à 4 200 mètres d'altitude, au-dessus du canyon d'Apurímac – le plus grand canyon d'Amérique –, la forteresse est comme coupée du monde. Il n'y a que 60 kilomètres à vol d'oiseau depuis Cuzco, mais il faut compter le double par la route, dont la moitié d'une piste terreuse qui donne des frayeurs à la saison des pluies. Passé le *pueblo* de Santa Lucia, plus proche lieu habité, le voyageur doit encore randonner deux heures pour atteindre les ruines. De quoi dissuader ceux qui ont l'habitude des vestiges à portée de parking.

Pourtant, la balade vaut déjà le déplacement. Le chemin se faufile entre le vert émeraude des pâturages et l'ocre rouge de la pierre. Nous croisons encore des bergers et leurs troupeaux, dont des lamas à ne plus pouvoir les compter. La vue du versant est plongeante, la rivière Apurímac si basse qu'elle ressemble à un serpentin. Et quelle surprise à l'arrivée, lorsque nous découvrons que la montagne que nous prenions pour cap depuis le départ n'est autre que la forteresse elle-même. Elle nous aura trompé l'œil jusqu'au bout. Encore une pente à gravir et nous parvenons à la porte. Pas de ticket, le site est gratuit. Le gardien, qui vit là à l'année avec sa femme, s'assure juste que les visiteurs se montrent prudents et respectueux. Nous traversons la place, pénétrons dans les rares bâtiments encore debout puis grimpons au sommet avec l'énergie du découvreur. Comme il existe très peu d'informations sur l'usage que les Incas faisaient de ce lieu, tout est à imaginer. « Vous n'avez pas le vertige ? », nous demande le guide tandis que nous pensons avoir tout arpenté. Nous remuons la tête de gauche à droite. « Alors, allez voir par là. Un chemin de crête fait le tour. » Nous voici repartis à l'aventure, à pas feutrés cette fois car la corniche permet tout juste à un homme de passer le long du vide. La pluie a imbibé le sol qui plie sous notre poids. Nous allons jusqu'au bout, mais pas sans quelques arrêts pour reprendre notre sang-froid. Lorsque nous prenons enfin du recul sur une butte voisine pour pique-niquer, la vue ne laisse aucun doute : aussi incroyable que cela puisse paraître, Waqrapukara a bien été taillée de la forme d'une tête de lama. Satisfait par nos regards envoûtés, notre guide va jusqu'à prédire : « Vous verrez, cela deviendra le deuxième Machu Picchu. » Alors, il ne nous reste plus qu'à admirer « le premier ».

C'est fait. Un matin brumeux à Cuzco, nous recevons enfin nos billets d'entrée pour le Machu Picchu. L'office de tourisme nous a prévenus qu'il ouvrait les réservations pour la semaine prochaine et nous nous sommes précipités. À contexte exceptionnel, conditions de visite exceptionnelles : le site ne sera accessible qu'à deux cents visiteurs, quand il en accueillait plus du triple auparavant. Nous nous sentons privilégiés. Il est temps à présent de préparer notre séjour.

Bien qu'il figure parmi les monuments les plus célèbres au monde, le Machu Picchu reste perdu dans les montagnes, et par là même l'un des monuments les moins accessibles au monde. Cela demande un peu d'anticipation. Nous écartons d'emblée l'idée d'un trek sur le chemin de l'Inca : géré par une poignée de tour-opérateurs et soumis à des quotas drastiques des autorités, il coûte plusieurs centaines de dollars par personne. Une fortune pour des routards ! Nous le regrettons d'autant moins que le Machu Picchu est une aventure formidable en soi, nul besoin de lui en adosser une autre. Si le train permet une liaison directe, les récriminations des habitants contre PeruRail ne nous incitent pas à l'emprunter. La seule alternative réside alors en un trajet de huit heures en minibus jusqu'à Hidroelectrica, suivi de 10 kilomètres de marche sur les rails. C'est justement ce chemin qu'empruntent les Péruviens qui ne peuvent se payer une place dans un wagon. Banco !

Nous partons une fois encore aux aurores. Mis à part quelques éboulements dus aux pluies de janvier, des gués plus noyés que d'ordinaire et une crevaison, le confort est plutôt bon jusqu'à Santa Maria. C'est ensuite que ça se corse. Tandis que nous grimpons des lacets, la caillasse remplace le bitume et le trajet devient mouvant. Les amortisseurs de notre van ont rendu l'âme depuis des lustres et nos fesses décollent des sièges au moindre obstacle. La piste se rétrécit pour devenir tout juste assez large pour un véhicule. À droite, la portière râpe la falaise. À gauche, il n'y a que le précipice. Dans les virages, l'une des roues arrière se retrouve ainsi à mouliner au-dessus du vide. Chaque année, à la même saison, les tabloïds péruviens font leur une sur des minibus qui ont terminé leur route dans le *río* Urubamba, 1 000 mètres plus bas. Il n'en reste généralement qu'un amas de tôle. Nous vivons ces instants comme les derniers. Peut-être n'aurions-nous pas dû exclure le train sur un coup de tête ?

La dépose au pied de la centrale électrique est une délivrance. Des gardes forestiers font le comité d'accueil, relevant nos identités et vérifiant nos sacs : il faut montrer patte blanche avant d'approcher le Graal. Devant la gare, rien n'indique la direction. Nous interrogeons l'un des rares habitants qui tend le bras vers l'est. Nous contournons les bâtiments par un étroit passage et tombons enfin sur un minuscule panneau en bois qui mentionne en lettres peintes « *A Machu Picchu* ». Nous nous engageons maintenant sur la voie de chemin de fer pour la dernière partie du trajet. Si cet accès à pied est toléré par la police, PeruRail n'apprécie guère que des voyageurs se dispensent du train. La compagnie a donc posé d'énormes panneaux en anglais pour tenter une dernière fois de nous dissuader : « Attention danger. Accès interdit ». Mais franchement, quelle personne arrivée jusqu'ici pourrait soudain décider de faire demi-tour ?

La marche se fait directement sur le ballast et les travées nous cassent les pas. Nous suivons le lit du *río* Urubamba, rendu tumultueux par les intempéries. Son grondement sourd écrase tous les sons de la nature. La pluie s'invite, dense et fine, qui brouille les verres de nos lunettes. Nous transpirons sous nos K-Way car ici le climat n'est plus froid mais tropical : le Machu Picchu a été édifié à 2 400 mètres d'altitude, bien en deçà de l'Altiplano, et c'est la jungle qui nous entoure. Dans cette région chaude et humide, les caprices météorologiques sont d'ailleurs l'ultime crainte des voyageurs. Il est courant que les ruines se trouvent enveloppées par la brume au cours de la journée. La splendide vue d'ensemble, que nous avons tous admirée au moins une fois en photo, est alors remplacée par une quelconque purée de pois. Comme chaque ticket est conditionné à un créneau horaire, il est impossible d'anticiper ce risque. C'est la roulette péruvienne. « La pluie qui tombe aujourd'hui est autant de pluie qui ne tombera pas demain », essayons-nous de nous convaincre avec philosophie.

Deux heures plus tard, nous parvenons à Aguas Calientes, le village contemporain du Machu Picchu, qui tient son nom de ses sources chaudes. Disons-le franchement : ses immeubles géométriques, grossièrement enchevêtrés au fil des besoins touristiques, sont une verrue dans le paysage. Il s'agit pour la plupart d'hôtels et de restaurants. En arrière-plan, ce sont les habitations sommaires de ceux qui les font tourner. Le tout est enserré dans une végétation exubérante, qui semble vouloir reprendre ses droits en rongeant les façades millimètre par millimètre. Ce vert intense qui oppresse le gris pâle du béton, les nuages bas, la pluie et la boue donnent au lieu des airs de film post-apocalyptique. Qu'importe, nous ne séjournons là que pour la nuit.

La nuit fut courte d'impatience. C'est le grand jour. Lorsque nous quittons le hall de notre hébergement, nous découvrons avec satisfaction que l'ondée a disparu. Notre bonne étoile a bien travaillé. Nous descendons l'avenue principale où les bus qui desservent le Machu Picchu attendent leurs premiers passagers. Ils emprunteront dans quelques instants la piste tracée entre la gare d'Aguas Calientes et la cité inca. Nous préférons quant à nous randonner par un sentier qui arrive en une heure au même résultat.

La pente est raide mais l'excitation est grande, alors nous avançons toujours plus vite. À chaque palier de cette ascension, nous nous dévêtons d'une couche de vêtement. Notre blouson, notre écharpe et notre pull ne résistent pas à l'alliance de la chaleur croissante et de l'effort. Nous terminons en tee-shirt mouillé par la sueur. Entre les arbres, nous entrevoyons les premières terrasses agricoles. Elles décuplent notre énergie. Puis c'est une grappe menaçante de nuages qui nous enjoint toujours plus d'accélérer. Nous parvenons finalement au sommet en trente minutes, le visage rougeaud. Le guichet apparaît devant nous. Nous présentons nos billets et nos passeports. « Bienvenue », sourit le garde. Nous entrons.

Nous avançons seuls sur le petit chemin pavé qui guide les visiteurs. Si de premiers vestiges se dessinent entre les branches, l'ampleur du site reste cachée. Nous croisons un groupe de lamas occupé à mastiquer des feuilles. Une intersection stoppe notre élan : faut-il aller à gauche ou à droite ? Aucune pancarte ne le précise. Nous savons en revanche que chaque chemin est à sens unique : une fois emprunté il n'est plus possible de revenir en arrière. « Allons à gauche », décidons-nous soudain, comme si ce choix était une évidence. Et c'est le bon. Nous évoluons désormais entre les murets de pierre, en direction de la crête la plus élevée, celle qui offre le plus beau panorama sur le Machu Picchu. Nous courons presque pour aller le découvrir. Encore quelques mètres.

C'est la douche froide. Les nuages qui nous inquiétaient tant lors de notre montée ont depuis englouti la cité inca. Il n'y a plus rien à voir qu'un matelas blanc. Le pire que nous pouvions redouter s'est produit. Nos jambes fléchissent sous le poids de la déception. Nous nous asseyons sur l'herbe le temps d'encaisser le choc, la tête posée sur les genoux, le corps las.

« Interdiction de s'arrêter », vient aussitôt nous dicter un gardien. Nous lui renvoyons un regard noir. Au contraire, nous allons rester là. Il est hors de question de descendre dans les ruines tant que le ciel ne sera pas dégagé. Tant pis si l'homme revient à la charge encore et encore. Tant pis s'il use de son sifflet pour tenter de nous déloger et d'avertir ses collègues. Les minutes passent. Nous restons sourds à ses réprimandes. Nous ne bougeons pas. Le vent se lève.

C'est un spectacle que nous n'oublierons jamais. Cette mer de coton qui se met peu à peu en mouvement, relâche l'étreinte sur sa proie, glisse sur les versants pour se replier dans la vallée. Cet immuable géant de l'histoire qui se dévoile pierre par pierre, qui prend forme bâtiment par bâtiment, pour s'offrir tout entier à nous.

Nous sommes debout, le visage fixe devant ce rêve qui devient sous nos yeux réalité. L'émotion nous submerge comme jamais elle ne l'a fait devant un autre monument.

L'un contre l'autre, nous pleurons.

XXII

« Il n'y a que des Français pour venir chez nous ! »

Salar d'Uyuni, Bolivie,
vendredi 12 février 2021

Imaginez un désert grand comme deux départements. Une étendue blanche, visuellement comparable aux terres glacées des pôles mais là où la neige dessine des carreaux hexagonaux au gré des vents, ici c'est du sel qui pétrifie le sol. Ce désert, c'est le *salar* d'Uyuni, le plus grand territoire salé du monde. Depuis une dizaine d'années, il est le passage obligé des voyageurs en Bolivie. Mais en cette période de pandémie mondiale, il retrouve son aspect isolé et désolé. C'est au milieu de ce nulle part que l'on croise un Land Cruiser des années 1980. Deux retraités à son bord. L'homme est barbu, genre capitaine au long cours. La femme est fine, genre prof-aventurière. Ils demandent leur chemin dans un espagnol impeccable. Malgré tout, nous comprenons qu'ils sont Français.

Nous ne savons pas pourquoi, mais nous nous reconnaissons entre nous. Loin du cliché qui veut que le Français soit bruyant et mal élevé, nous avons au contraire constaté que nos compatriotes sont débrouillards et plutôt appréciés par nos hôtes. Ainsi, Kale et Christophe, nos deux sexagénaires du *salar*, sont-ils partis tous les deux à l'aventure au volant de leur bolide construit avant notre naissance, transporté à bord d'un cargo depuis Nantes. Ils l'ont récupéré il y a un mois à la frontière uruguayo-brésilienne. Leur but : descendre jusqu'à Terre de Feu.

Ce qu'il y a d'extraordinaire lorsque nous nous mettons à discuter avec les deux sexas un soir à Tupiza, c'est la facilité déconcertante que nous avons à nous comprendre immédiatement. Nous avons bien quarante ans de différence, des vies totalement différentes. Rien n'y fait. Nous parlons le même langage, celui des voyageurs. Nous n'avons pas forcément réalisé le même parcours mais nous comprenons leurs galères, leurs coups de bol, leur joie devant une découverte impromptue. Nous nous comprenons comme si nous avions voyagé ensemble depuis des années. La sensation est assez magique. Avec Kale et Christophe, et avec tous les autres voyageurs que nous avons rencontrés, nous avons pu décliner à l'infini ce nouveau langage : celui de voyager.

Comme eux, nous avons croisé de nombreux Français cherchant l'aventure en dehors des sentiers battus ; même si aujourd'hui tous les chemins du monde ont été maintes fois foulés par des générations de routards. Nous nous sommes ainsi retrouvés dans une maison d'hôtes, dans le delta du Mékong, au sud du Vietnam. Le bled étendu le long d'une route nationale peu fréquentée ne payait pas de mine mais était idéalement placé entre la frontière cambodgienne et Saïgon dans la campagne vietnamienne, loin des centres balnéaires chinois de Kampot ou des sanctuaires américains de la guerre du Vietnam.

Le jeune propriétaire tient la maison avec son épouse depuis seulement cinq ans. Il parle anglais pour des questions pratiques, mais n'a jamais vraiment pu l'exercer : « Je ne comprends pas, il n'y a que des Français qui viennent chez nous ! »

La nostalgie ou le fantasme du routard semble imprégner l'art de voyager à la française. Claude est une septuagénaire qui suivait notre tour du monde à travers notre blog quand elle nous a envoyé un message : « Je vois que vous êtes en Thaïlande, moi aussi. Mais je quitte Bangkok pour une petite île méconnue de l'ouest et ça m'étonnerait que l'on puisse s'y retrouver. » Cette petite île méconnue était justement l'île sur laquelle nous venions de déposer nos sacs en compagnie des parents.

Les Français attirent les Français. Claude nous raconte toute une vie de voyages, de pérégrinations à travers le monde. De l'Inde du gourou Osho en 1968 jusqu'à son enlèvement par un groupe mafieux en Amérique centrale dans les années 1980, elle nous parle du voyage comme d'une drogue : « Une fois que vous touchez à l'évasion, vous ne pouvez plus vous en passer ! » C'est aussi pour cette raison que les habitants des pays que nous avons traversés nous apprécient tant : les Français n'ont pas peur de partir dans des endroits dépourvus des commodités basiques demandées par les touristes. Certes, certains de nos compatriotes préféreront toujours les voyages organisés, les visites balisées, les centres de vacances avec alcool à volonté. Mais la différence avec les Américains, c'est que l'on peut aussi trouver des Français dans n'importe quel recoin de la planète.

Autre différence : nous aimons marcher. Souvent, en Inde, on nous posait cette question : « Mais pourquoi y allez-vous à pied ? » Découvrir, se perdre et rencontrer des gens ne peut se faire qu'à hauteur d'homme. D'autant que nous sommes Parisiens et marcher entre deux stations de métro ou flâner dans les quartiers fait déjà partie de notre quotidien.

Le mythe qu'a insuflé *Le Guide du Routard* continue à infuser dans notre culture. Des retraités mais aussi des trentenaires, comme nous, ou même des plus jeunes. Dès la sortie des études, des Français partent parcourir le monde – ce qui nous semble aberrant, nous pour qui travailler était la récompense de nos années passées à étudier.

Nous avons rencontré Carla et Antoine, d'abord à Chiang Mai, au nord de la Thaïlande, puis à Huay Xai, petite ville frontalière laotienne. En couple depuis peu, la petite vingtaine, ils venaient de terminer leurs études quand ils ont décidé de voyager avec leur sac sur le dos pendant un an avant de se lancer sur le marché du travail. C'est donc une tendance mais elle est loin d'arriver au niveau de la tradition israélienne qui veut qu'une fois le service militaire terminé, tous les jeunes partent sur les routes pendant une année.

Nous vous disions qu'une force obscure, un lien invisible faisaient que nous pouvions reconnaître les Français entre mille. Il y a néanmoins un signe, presque un insigne, qui nous permet de confirmer nos hypothèses : l'équipement Quechua. Bien que Décathlon soit désormais présent sur tous les continents, le sac à dos d'appoint noir et marron reste un bon indicateur du Français en vadrouille. Petite parenthèse à ce sujet : il se trouve que, loin de l'image que peut renvoyer Quechua en France, au Paraguay c'est un produit chic : « Wouah ! Vous avez un blouson Quechua ! » L'exclamation nous a plus d'une fois surpris !

On aime voyager, on aime rencontrer et on aime manger. Voilà l'autre caractéristique des Français en vadrouille. L'art de voyager passe aussi par notre rapport à la nourriture, nous en avons déjà parlé. Mais que ce soit dans un restaurant de poche de Kyoto ou sur un stand de *street food* de Jaisalmer, toutes les occasions sont bonnes pour la plupart des Français de discuter, blaguer et plus (ou moins) bien manger.

Enfin, bien que nous ayons soigneusement évité les Français au début de notre périple, les conditions sanitaires dégradées nous ont rapprochés les uns des autres par la force des choses. Nous nous sommes ainsi rendu compte de la solidarité entre voyageurs et entre compatriotes du bout du monde. Nous nous échangions les bons plans dès février 2020 lorsque le monde se refermait devant nous. C'est d'ailleurs à la faveur de cette pandémie que nous avons véritablement découvert l'amour des Français pour les voyages : *roots* ou de manière plus confortable, en couple ou seul, entre copines ou entre copains… Nous étions les seuls à nous retrouver à des milliers de kilomètres de nous.

Nous aurions pu être mal accueillis lorsque nous avons décidé de repartir sur les routes d'Amérique latine en août 2020. Mais à partir du moment où nous levions le doute sur notre nationalité – ne vous laissez jamais traiter de *gringos* au Mexique –, les visages s'éclaircissaient et les mots se faisaient beaucoup plus aimables. Nos interlocuteurs savaient qu'ils avaient affaire à deux Français, synonyme de bons vivants, et que nous serions toujours intéressés pour loger dans un village paumé, dans un *hostal* qui ne paierait pas de mine et que nous n'étions pas là pour picoler toute la journée en écoutant du Rihanna à fond au bord de la piscine.

Seul frein, notre mauvaise connaissance de l'anglais, surtout en Asie – en Amérique latine, de toute façon, ils ne parlent qu'espagnol (ou portugais au Brésil). Pour le coup, notre réputation dans ce domaine n'est plus à faire : le Français peut avoir une image hautaine car, ne comprenant pas son interlocuteur, il peut rapidement s'agacer. C'est probablement de là que vient cette image tronquée qui colle à notre caractère. Les jeunes générations, la nôtre en particulier, ayant baigné dans un monde plus anglo-saxon que celui de nos aînés, ont enfin la possibilité de faire infléchir cette tendance.

XXIII

« C'est pas trop lourd ? »

Filadelfia, Paraguay, vendredi 5 mars 2021

Impossible d'égrener l'ensemble des logements où nous avons dormi. Auberges de jeunesse, hôtel miteux, chambre chez l'habitant, pension de famille, *hostal*, hôtel sur l'eau ou dans un palais de maharadja, dortoir, sans fenêtre, sans eau, sans électricité, cabane dans les bois, tente, bus et train de nuit, appartement… Autant de lieux qui nous ont permis de nous reposer ou pas, de nous poser, en tout cas, quelques heures, avant de poursuivre notre aventure.

Quand on change aussi régulièrement d'hébergement, en moyenne tous les trois jours, il faut connaître quelques us et coutumes du pays qui nous accueille. Au Paraguay, les *motels* sont à éviter. Leurs chambres sont réservées… aux relations extraconjugales ! On y entre en voiture, par la porte du garage afin de rester à l'abri des regards. La place de parking est assortie d'une porte qui donne directement dans la chambre. Le paiement se fait à l'heure.

Ces établissements sont néanmoins plus rares dans les régions mennonites, principalement dans l'ouest du pays. C'est par là que nous arrivons. Le territoire est un vaste désert, le Chaco. Et c'est précisément un mennonite qui nous prend en stop sur la route de Filadelfia. Fonçant dans son pick-up, l'homme, grand, blond, aux yeux bleus, parlant espagnol avec un fort accent allemand, appelle pour nous les deux établissements hôteliers de la bourgade pour savoir s'il leur reste de la place et si nous pouvons avoir un prix. C'est ainsi que nous atterrissons au Golondrina, tenu, évidemment, par des mennonites. Autant vous dire qu'on s'est tenu à carreau – comme leur chemise, d'ailleurs.

Durant le trajet, Hans nous en dit un peu plus sur sa communauté. Nous avions déjà croisé des mennonites quelques jours plus tôt en Bolivie, dans la capitale économique du pays, la puissante Santa Cruz de la Sierra. Habillés comme dans *La Petite Maison dans la prairie*, ils venaient faire affaire au marché central. Leur teint pâle et leurs tenues – grandes robes noires pour les dames, salopettes et chapeau pour les hommes – dénotaient avec l'ambiance locale. Ici, au Paraguay, les mennonites semblent beaucoup plus modernes. La preuve : notre chauffeur est au volant d'un véhicule flambant neuf. Il y a, en fait, deux « familles » dans cette église : les traditionalistes qui vivent quasiment comme au début du XXe siècle et les modernistes qui vivent quasiment comme au début du XXIe siècle. Leur point commun, c'est la vie en communauté. Ils ne se mélangent pas avec les habitants du coin. Même s'ils sont obligés d'apprendre des rudiments d'espagnol pour commercer, ils parlent entre eux une langue germanophone issue d'un dialecte allemand néerlandais.

À Filadelfia, en plus de dormir dans un hôtel mennonite, nous faisons nos courses dans le supermarché mennonite où seuls les produits Kinder sont importés. Et nous dînons dans le restaurant de grillades lui aussi mennonite.

Mais pourquoi se sont-ils retrouvés à vivre dans ce désert du Chaco, âprement disputé dans les années 1930 par les armées paraguayenne et bolivienne ? (Chacun des deux camps pensant y trouver du pétrole, cette guerre pour rien aura fait près de 200 000 morts.) C'est justement afin de « coloniser » cette région inhospitalière en face de la Bolivie que le gouvernement paraguayen proposa aux mennonites de s'installer ici contre des avantages fiscaux et l'autorisation d'échapper au service militaire. Les mennonites sont en effet résolument pacifistes. Chassés d'Allemagne puis de Russie et enfin du Canada, ils se sont ainsi retrouvés au Paraguay dès la fin des années 1930. Cette coïncidence de date avec la Seconde Guerre mondiale a pu paraître suspecte. Elle est toutefois assez décorrélée de l'arrivée d'anciens nazis en Amérique latine. Les mennonites constituent une communauté religieuse chrétienne ayant des origines alsaciennes. Les plus radicaux sont devenus amish dans les années 1600. Mais des indices montreraient que l'horrible docteur Mengele aurait quand même été accueilli par l'une de ces communautés… Voyons-y davantage une complète ignorance de leur part quant à la situation en Europe qu'une réelle conviction antisémite.

Malgré toute leur prévenance, il y a assez peu de choses à découvrir à Filadelfia, une fois le musée mennonite visité. Nous sommes dans un désert hostile. Nous leur tirons notre chapeau pour avoir réussi à y construire une ville bien dotée et cultiver des champs. Quand nous sortons le dimanche après-midi dans ces rues rectilignes sous 45 °C, nous nous disons que seule la foi pouvait guider ces hommes et ces femmes. Alors, nous prenons un bus NASA non pas pour la Lune mais pour Asunción, la capitale. Nous y restons une semaine en attendant le fameux avion militaire qui ne décollera pas. Le temps de prendre nos habitudes dans un petit établissement avec une piscine dont nous demeurons les seuls clients durant tout notre séjour. Nous faisons là encore un peu partie de la vie quotidienne des propriétaires : ils se lèvent selon l'heure à laquelle nous souhaitons prendre le petit-déjeuner, ils s'absentent quand nous sortons. Il y a presque un air de colocation.

Pendant dix-huit mois, nous portons notre maison sur notre dos. Malgré notre attachement à ne transporter que le strict nécessaire, nous nous sommes longtemps demandé si cette doudoune Quechua était si indispensable. Matthieu a réussi pour sa part à s'en débarrasser à Asunción en l'offrant à Nadia. Pierre a dû continuer à se la coltiner jusqu'à la fin du tour du monde. Il faut dire qu'elle prenait quand même un tiers de la place dans notre sac à dos et pesait autant. Nous n'en avions trouvé l'utilité qu'au terme de deux mois de périple en Inde. Alors que la chaleur humide du pays se faisait ressentir jusque dans les rues sales de Pahar Ganj, nous nous envolions ce jour-là pour le Grand Nord indien : l'Himalaya.

L'avion parti de Delhi n'a quasiment pas besoin d'amorcer sa descente : nous passons en quelques heures de quasiment 0 à 3 500 mètres. Ce qui est impressionnant, ce sont les vrilles que doit effectuer le pilote pour éviter les pics qui se présentent à nous. Quelques virages dans les airs et voilà que nous atterrissons sur la piste poussiéreuse de l'aéroport militaire de Leh, la capitale du Ladakh.

Nous sommes dans une région du Cachemire à majorité bouddhiste. En plus de l'altitude, nous avons aussi radicalement changé d'air. Nous passons des shorts aux pantalons en un quart de seconde. Et, enfin, nous pouvons sortir notre merveilleux blouson Quechua que les Paraguayens nous envieront quelques mois plus tard.

Notre hôtel est en plein cœur de la ville. Il possède un *rooftop* dominant la cité largement reconstruite en 2011 à la suite d'un glissement de terrain meurtrier. Face à nous se dresse le château aux teintes marron et grises, parfaitement intégré au paysage minéral de ce plateau nu de végétation. Il passerait presque inaperçu malgré sa taille imposante si des torches n'étaient pas positionnées autour et n'embellissait son aura.

Notre chambre n'a pas de chauffage. L'eau de la douche est à peine tiède. Mais ce n'est rien comparé à l'hôtel quasi abandonné où nous logeons, quelques jours plus tard, à Lamayuru, siège du plus ancien monastère tibétain de la région. Là-bas, l'eau vient directement de la source, tout juste réchauffée en passant par la tuyauterie. Lorsqu'il fait 0 dehors, il fait 12 à l'intérieur, et l'eau est à la même température. Ça ne réchauffe pas vraiment un homme mais c'est comme tout, on s'y est fait ! Le sourire des Ladakhis, l'hospitalité, la pureté des paysages – le plastique est totalement interdit ici –, les rencontres dans les monastères d'Hemis, de Chemdey ou de Thikse, les yacks tranquilles, les stupas, les moulins à prières, les *momos*, le calme de l'Indus qui coule en contrebas, frontière naturelle disputée depuis toujours par les Pakistanais et les Indiens, les couleurs de l'automne sur ces montagnes impénétrables, les

Julley ! joyeux que nous lancent les habitants pour nous dire tout à la fois « bonjour », « bienvenue », « comment ça va ? », tout cela nous rend peut-être un peu bouddhistes dans l'âme.

Il nous en faut peu pour être heureux au Ladakh. Une omelette et un thé noir, nous voilà revigorés ! Nous n'avons pas dit « réchauffés ». Car, nous l'apprenons assez vite, ici, en gage d'hospitalité, on garde toujours sa porte ouverte. La chaleur humaine est le meilleur des radiateurs, paraît-il... Enfin, nous, on dit surtout merci à nos doudounes !

Nous apprenons vite à ne plus craindre le froid. Ainsi, la nuit venue, sur le toit-terrasse de notre hôtel, nous observons les étoiles dans un ciel d'une pureté à faire pâlir le Pic du Midi de Bigorre... Un Français (encore !) débarque juché sur une Royal Enfield, accompagné d'un Russe. Un duo assez improbable et une histoire à peine croyable.

Il nous raconte : « J'étais à Delhi la semaine dernière. Je ne savais pas par quoi commencer en Inde alors j'ai demandé des conseils au patron de mon hôtel. Il m'a dit que l'endroit le plus beau c'était Srinagar. Il vient de là-bas. Je ne connaissais pas. Alors j'ai pris une moto et j'y suis allé. Mais sur place, je n'ai rien compris : il y avait des militaires partout. Je ne pouvais pas sortir de l'hôtel sans être accompagné. J'ai dû attendre deux heures un garde du corps ! Je voulais juste acheter des clopes, moi ! Finalement, j'ai dit stop. Et hier, je suis parti ! C'est quoi ce pays ? »

Dans un sourire, on lui explique qu'il s'est en fait retrouvé dans la capitale du Jammu-et-Cachemire, pile dans la zone où il ne faut pas se rendre ! Son histoire ne s'arrête pas là : « J'ai donc pris ma Royal. J'ai fait une étape à Kargil. J'ai croisé ce Russe sur la route. Il m'a dit que le Ladakh c'était plus tranquille. Alors je l'ai suivi. Mais j'avais pas regardé le profil de la route : j'ai failli m'évanouir en passant un col ! Il était à 6 000 mètres ! J'ai dû m'acheter une bouteille d'oxygène. Bon, finalement, c'est pas mal ici ! » En effet, on n'est pas mal ici.

Ce n'est pas toujours le cas. Tant s'en faut ! À Kampot, dans le sud du Cambodge, nous testons toutes les gammes d'hôtels. Nous tombons d'abord sur un établissement très original : un ancien cinéma retapé par un couple de Belges. Nous dormons ensuite sous des tentes, au bord des marais salants, tenues par un couple de Français cette fois. Nous passons aussi près d'une semaine dans une pension sans charme dans un vieil immeuble du centre-ville avec restaurant au rez-de-chaussée. Nous y prenons nos habitudes malgré une chambre parfumée à l'humidité. Rien à voir avec le taudis dans lequel nous étions juste avant. La chambre était juchée au-dessus du porche d'entrée : on pouvait voir le vide à travers d'énormes trous dans le plancher. Nous ne savons toujours pas comment le lit a pu tenir toute une nuit sur ces lattes pourries : nous aurions pu tomber de haut !

Avec les transports, les changements permanents de logements peuvent être usants. C'est pourquoi il faut, dans la mesure de ses moyens, éviter de dormir uniquement dans des hôtels trop bon marché. Se reposer est indispensable pour pouvoir avancer. Dormir tous les soirs sur un matelas trop dur ou avec du bruit en permanence s'avère contre-productif. Mais parfois, on n'a pas le choix. Ainsi, sans nous en rendre compte, nous avons dormi chaque nuit en Inde avec un bruit de fond omniprésent. C'est seulement en arrivant en Indonésie que nous nous sommes rendu compte que quelque chose avait changé dans nos nuits.

Attention également à la fausse bonne idée des auberges de jeunesse. Nous en avons fait pas mal. C'est vrai que c'est plus économique et que souvent le petit-déjeuner est offert. À ce propos, la multiplication de ces établissements en Asie du Sud-Est, prisés par les *backpackers*, a donné lieu à une nouvelle route de voyageurs au long cours : le Banana Pancake Trail. Comme la plupart des jeunes touristes viennent de pays occidentaux, les auberges de jeunesse d'Asie du Sud proposent quasi exclusivement des pancakes à la banane en guise de petit-déjeuner… Autant dire que si vous ne dormez que dans ces établissements, vous ne goûterez jamais aux merveilleuses soupes laotiennes, indonésiennes ou cambodgiennes durant votre séjour.

L'autre écueil, c'est de se retrouver uniquement entre Occidentaux. La dernière auberge de jeunesse dans laquelle nous avons séjourné était à Jakarta. Très sympathique, très grande, très bien organisée : mais les voyageurs qui étaient là et qui suivaient le plus souvent cette fameuse route des pancakes à la banane ne côtoyaient jamais véritablement les habitants du pays. Nous avons pu nous en échapper de justesse à ce moment-là en faisant la connaissance de Sony. Indonésien adepte de sport et d'Instagram, il nous explique le paradoxe de cette ville autrefois hollandaise devenue musulmane et qui finalement va sombrer dans la mer de Java à cause de l'érosion.

C'est donc en alternant les choix d'hôtel que l'on peut toucher un peu plus à la vie quotidienne des gens. Comme à Medellín où nous tombons sur une chambre d'hôte tenue par Diana. La cinquantaine, elle travaille pour une association d'aide à l'adoption. Quand les futurs parents viennent à la rencontre de leur enfant, elle les accueille dans l'une de ses chambres pour quelques jours. À cause du Covid, elle décide en 2020 de s'ouvrir à d'autres publics. Nous sommes ses premiers voyageurs de l'année… en arrivant chez elle en décembre.

Diana a divorcé il y a quelques temps. Son mari est français. Il vient de Toulouse mais il vit toujours à Medellín. Ensemble, ils ont eu un fils, David, qui parle parfaitement bien français grâce à son père. C'est assez marrant de discuter avec un Colombien qui n'a jamais mis les pieds en France mais qui s'exprime avec un accent du Sud-Ouest !

Avec Diana et David, nous célébrons la fête des Lumières, tradition très ancrée en Amérique latine, assez peu présente chez nous, mis à part à Lyon. Début décembre, chacun allume des bougies devant chez lui. Comme nous sommes à quelques kilomètres seulement au-dessus de l'équateur, à cette période de l'année, il ne fait pas aussi froid qu'en France. Nous nous retrouvons, pour ainsi dire, en famille, sur le trottoir, à allumer les dizaines de bougies achetées par Diana et à écouter les standards de la chanson romantique colombienne jusqu'à l'indispensable reggaeton de Maluma, tandis que les voisines nous font passer des petits plats concoctés par leurs soins. Dans ce bout de quartier, certains ressortent pour la première fois de chez eux depuis le début de la pandémie. Les bougies au sol et sur les rebords des fenêtres ajoutées aux guirlandes de Noël qui commencent à scintiller nous procurent un gros shoot de tendresse.

Le lendemain, autre ambiance quand nous prenons l'apéro avec Diana et son fils. Nous pensions grignoter dans le jardin avant de sortir. Nous terminons finalement à 5 heures du matin après avoir refait le monde autour d'une ou deux bouteilles d'Antioqueño, la marque locale d'*aguardiente*, que nos hôtes considèrent évidemment comme la meilleure des liqueurs à l'anis de Colombie. Pendant que nous discutons, nous apprenons la mort de Valéry Giscard d'Estaing. Le visage de Diana se défait : « Quelle tristesse ! C'est le président qui m'a donné la nationalité française ! » Diana, qui nous avait juré ne pas supporter plus de deux verres d'alcool, s'en est jeté plus que nous trois réunis ! Le lendemain pourtant, elle nous fait visiter l'incroyable Comuna 13, ancien bidonville de Medellín, bastion des narcotrafiquants pendant des décennies, sauvé au début des années 2010 par un plan urbanistique novateur : la mise en place d'escalators extérieurs permettant de désenclaver le quartier. Chaque escalier roulant est géré par les habitants eux-mêmes qui obtiennent des responsabilités de la part de la municipalité. S'est aussi greffé un formidable élan artistique qui colore les rues sinueuses de ce quartier adossé à l'une des collines de Medellín. Le résultat est remarquable. Des visiteurs du monde entier viennent aujourd'hui admirer ces fresques dont les plus connues sont signées Chota 13 que nous rencontrons à cette occasion.

Nous sommes à seulement quelques centaines de mètres à vol d'oiseau de la maison de Diana. Rien ne laisse présumer que ce quartier fut bombardé vingt ans plus tôt par l'armée colombienne afin d'y déloger les narcos. Pour rétablir l'ordre, l'État a ensuite permis à une armée paramilitaire d'y faire régner la terreur… La paix n'est revenue dans ces rues que depuis une petite décennie.

Medellín est passée de la ville la plus dangereuse au monde à l'une des plus sûres de Colombie. Nous nous y sentons plus en sécurité qu'à Bogota, toutes proportions gardées. Le désenclavement des nombreux quartiers autrefois tenus par les parrains de la drogue grâce à la mise en place d'escalators, de téléphériques et du métro explique en grande partie cette pacification. Le propre frère de Diana a été tué par balle juste devant sa maison. Elle ignore toujours pour quelle raison. Pablo Escobar, lui, a terminé sa course-poursuite mortelle sur le toit d'un immeuble situé au bout de la rue. Ces confidences, et bien d'autres, font de nous des membres à part entière de la famille de Diana et David.

Prendre des habitudes, y compris dans les hôtels, ça réconforte du changement permanent. Comme cet établissement de Pahar Ganj, à Delhi, où nous avons dormi à trois reprises : dès notre arrivée en Inde, puis juste avant de rejoindre le Ladakh et, enfin, à la veille de quitter le pays. Ou bien cet hôtel de Miraflores, El Patio, où nous sommes aussi descendus trois fois. Situé au milieu des gratte-ciel de Lima, il se distingue par son architecture d'hacienda. C'est là que nous avons passé Noël 2020.

Ainsi, pendant une soirée ou quelques jours, nous retrouvions cette douce impression d'avoir une maison. Qu'importe le standing du lieu. C'était un instant, une occasion, un endroit qui composaient cette alchimie. Malgré le mouvement perpétuel, malgré les 12 kilos sur le dos en permanence, nous pouvions enfin souffler un peu, nous poser pour repartir du bon pied. Mais aussi penser à nos proches qui, parfois, nous manquaient.

XXIV

« Coupez Twitter et profitez ! »

Florianópolis, Brésil, dimanche 28 mars 2021

« Vous vous souvenez quand la seule polémique en France c'était de savoir si on était *team* Laure ou *team* Loana ? » Ce Tweet posté par Pierre un samedi soir de mars 2021 a été liké par plus de mille personnes. Au même moment, en France, TF1 diffusait un documentaire sur les vingt ans de la téléréalité. Un anniversaire qui coïncidait exactement avec celui de notre adolescence et un torrent de souvenirs déferla sur nous.

Ce samedi soir, nous n'étions évidemment pas devant notre télé. Nous étions au Brésil, dans un bus de nuit qui devait nous acheminer de Foz do Iguaçu, à la frontière paraguayenne, jusqu'à Florianópolis, à quinze heures de route de là. C'est dans ce genre de trajet où il est impossible de distinguer quoi que ce soit dans un paysage tombé dans l'obscurité et où les arrêts pipi se font rares que nous nous plongeons le plus assidûment dans notre portable. C'est ce geste, anodin quand nous sommes à Paris, qui en a surpris plus d'un.

« Oubliez l'actu parisienne et française ! », « Coupez Twitter ! », « Quel dommage de faire un tel voyage si c'est pour regarder Netflix le soir ! » Voilà le genre de remarques et d'injonctions que nous avons reçu, notamment de la part de proches qui ne pensaient pas à mal. Il s'agissait avant tout d'un amalgame compréhensible entre voyage et vacances.

Paris, c'est notre ville. La France, c'est notre pays. Et même si on se réjouit parfois d'être loin de débats aussi stériles que celui sur le port du voile, il est hors de question pour nous de couper les ponts pendant un an avec ce qui fait partie intégrante de notre vie.

Nous sommes partis autour du monde non pas pour être hors du monde mais pour rester dans le monde. Un tour du monde, c'est une parenthèse. Ainsi, cette longue parenthèse de près de deux ans nous a permis de revenir différents, avec un autre regard. Mais, quoi qu'il en soit, nous en sommes revenus avec bonheur.

Nous ne sommes pas partis sur un coup de tête ou à cause d'un ras-le-bol. Nous ne sommes partis fâchés avec personne, ni avec nos boulots ni avec Paris. Il ne s'agissait pas de fuir un quotidien pesant ou une ville dans laquelle on étouffait. Juste de voir l'ailleurs et de confronter notre façon de penser à celle de citoyens aux vies radicalement différentes à l'autre bout du monde.

Bien que nous soyons en Inde, en Indonésie, en Bolivie ou au Brésil, nous n'en sommes donc pas moins attachés au résultat des élections parisiennes pour Matthieu ou au devenir de Lourdes pour Pierre. Et nous n'en avons pas moins un avis positif ou critique sur ce qui se passe dans notre pays. Jusque dans la communion que peuvent partager des gens de notre génération à travers un programme de télé.

Alors oui, on l'assume : nous avons suivi assidûment l'actu. Et heureusement, en pleine pandémie. Au-delà du choc que cela a pu représenter pour nous d'apprendre le premier confinement, nous avons eu recours aux réseaux sociaux pour savoir comment, concrètement, les choses se passaient dans tel ou tel pays faisant partie de notre itinéraire. C'est aussi grâce aux réseaux sociaux, Instagram en particulier, que nous avons pu partager les bons plans et astuces avec des voyageurs disséminés à travers le monde et que nous avons pu également les rencontrer. Enfin, c'est grâce à Facebook que nous avons pu nous mettre en relation avec des Français expatriés au Mexique ou au Pérou pour connaître précisément les conditions sanitaires de chaque État et province. Les GAFAM si décriés ont joué là un réel rôle de réseaux sociaux. Alors pourquoi tout couper ?

Tout couper aurait voulu aussi dire que nous ne faisions plus cas de nos familles qui attendaient, on le sait, chaque semaine leur dose de photos, de stories et d'articles. Tout couper nous aurait néanmoins permis d'éviter les dizaines de « blagues de maman » envoyées en chaîne sur WhatsApp pendant les premiers jours du confinement.

Nous avons donc continué à tweeter sur des sujets qui nous tenaient à cœur, avec passion, avec des blagues douteuses aussi parfois. Et ce malgré le décalage horaire et les moments exceptionnels que nous vivions par ailleurs. Sans Twitter, Line Renaud ne nous aurait jamais raconté comment elle a écrit la chanson *Copacabana* alors que nous venions d'arriver dans cette petite ville bolivienne au bord du lac Titicaca qui a donné son nom à l'une des plus belles plages de Rio.

C'est un besoin d'autant plus fort qu'un « voyage si beau et si lointain », comme nous le soulignait une twitto, implique nécessairement de se préserver des moments de respiration. Comme nous l'écrivions, un tour du monde ce n'est pas des vacances. Nos journées ne sont pas faites de détente permanente, doigts de pied en éventail à siroter des cocktails. Notre budget ne nous le permettrait pas et, surtout, que retiendrions-nous d'une telle expérience ?

Un tour du monde, tel que nous avons choisi de le faire, ce sont de beaux paysages comme des endroits sinistres. C'est voir la carte postale mais aussi la vraie vie des gens. Ce sont des temps de découverte comme d'interminables trajets en bus. C'est parfois être en galère ou tomber sur un hébergement minable. C'est vivre dans une forme d'inconfort permanent, parce qu'on est sans cesse en mouvement, parce qu'on rogne sur les dépenses, parce qu'on se confronte à l'inconnu et qu'on en prend plein la figure. Et évidemment c'est vingt-quatre heures sur vingt-quatre et sept jours sur sept d'une intensité folle.

C'est pour cela que l'on est heureux et que l'on a nécessairement besoin, parfois, de déconnecter un instant de ce tour du monde. Cela peut passer par des moments assez cocasses comme quand on a écouté l'hommage d'Emmanuel Macron à Jacques Chirac, au soir de sa mort, dans une couchette de bus de nuit Bombay-Goa remplit à craquer pendant que les autres passagers s'endormaient avec des clips bollywoodiens sur leurs smartphones. On a tous les dérivatifs que l'on s'invente.

S'évader dans un livre comme parcourir un article de journal. Regarder une série Netflix comme répondre à une vidéo de chaton (ou de Benjamin Griveaux) postée sur Twitter. Ces petits loisirs, en apparence insignifiants et qui ne prennent que quelques minutes de notre journée, nous permettent d'oublier que toute notre vie ne tient que dans un sac à dos et que nos proches sont à une dizaine de milliers de kilomètres de nous.

Et, ainsi, nous trouvons une part de l'énergie nécessaire pour faire ce formidable voyage. Le voyage d'une vie qui n'est qu'une partie de notre vie. Le voyage de deux Parisiens et Français qui parcourent avec bonheur le monde sans oublier d'où ils viennent.

XXV

« C'est le grand jour alors ? »

Rio de Janeiro, Brésil, lundi 10 mai 2021

Il y a des phrases que nous n'avons pas l'habitude d'entendre pendant un tour du monde en sac à dos. « Voulez-vous une coupe de champagne ? » en fait partie. Celle-ci n'évoque qu'une seule chose pour nous, la douce parenthèse d'un vol long-courrier sur Air France. Nous l'avons appréciée par trois fois, toujours à des moments charnières de notre voyage : entre Tokyo et Paris quand nous étions contraints de rentrer précipitamment au plus dur de la première vague de Covid-19, entre Paris et Mexico quand nous étions heureux de reprendre quelques mois plus tard notre périple, et enfin entre Rio de Janeiro et Paris pour notre vol le plus émouvant – le vol du retour.

Comme souvent pendant cette aventure, une bonne étoile nous a aidés. Alors que nous flânons encore dans les ruelles pavées du quartier de Santa Teresa, que nous écoutons quelque air de samba s'échapper par la fenêtre branlante d'un appartement, nous recevons sur Twitter le message d'un inconnu. « Ne serait-ce pas sur le vol AF443 que vous rentrez en France ? », interroge-t-il. C'est bien notre vol. Mais qui est cette personne ? Comment le sait-elle ? Nous ne trouvons qu'un mot à lui répondre : « Peut-être. »

C'est le lendemain, en arrivant à bord, que l'identité de notre mystérieux interlocuteur se dévoile. Alors que nous avançons dans l'allée du Boeing 777-300, une hôtesse de l'air vient à notre rencontre tout sourire : « Vous êtes Pierre et Matthieu ? C'est le grand jour alors ? » Puis un steward : « Ça a dû être un formidable voyage, il faut que vous nous racontiez ça pendant le vol. » Et une autre hôtesse : « N'hésitez pas à nous demander si vous avez besoin de quoi que ce soit. » Tout l'équipage semble nous connaître et s'être passé le mot. Notre étonnement est complet. On croit vivre une caméra cachée. C'est à cet instant qu'arrive le chef de bord qui, dans la même veine que son équipe, nous tape chaleureusement dans le dos et ouvre la discussion par une clameur : « Depuis tout ce temps ! C'est quand même un sacré hasard de vous rencontrer tous les deux aujourd'hui ! »

Avant que nous ayons pu demander le pourquoi du comment, il nous explique : « Je vous suis sur les réseaux sociaux depuis le début de votre tour du monde. J'ai trouvé cette expérience formidable. Et soudain, hier, alors que j'étais en escale à Rio, j'ai vu un message où vous disiez rentrer. Coup de chance, c'est sur ce vol ! J'imagine que vous avez le cœur un peu lourd, alors avec les collègues nous allons faire notre possible pour que vous passiez un bon moment à bord. » Nous sommes loin d'être des influenceurs – et nous espérons bien ne jamais le devenir. Quel joli hasard donc de tomber sur le seul et unique chef de bord qui nous suit sur Instagram !

Autant dire que l'équipage est aux petits soins. Le peu de passagers à bord, en raison de la pandémie, lui donne tout loisir de passer du temps auprès de nous. Pierre réussit même à identifier un steward originaire du Sud-Ouest avec qui discuter armagnac. Ces onze heures de vol sont aussi agréables qu'elles nous paraissent courtes. Nous atterrissons au petit matin dans un état de détente absolue. Il suffit de cinq minutes à l'aéroport Charles-de-Gaulle pour nous projeter hors de ce cocon.

À peine la porte du cockpit franchie, nous sommes accueillis par des policiers, masques sous le nez, qui nous gratifient d'un « Avancez par là ! ». Nous débouchons dans un couloir où il faut remplir un formulaire sanitaire sur des tablettes tactiles. Seules trois tablettes sont à disposition, les passagers s'entassent. Nous sommes ensuite dirigés vers la police aux frontières. Le spectacle qui apparaît sous nos yeux est des plus atterrants. Alors que partout dans le monde, nous avons pu constater la bonne application des règles sanitaires, que dans la moindre petite gare routière du Pérou des protocoles sont rigoureusement appliqués, ici c'est le chaos.

Comme d'habitude à Roissy, seuls deux guichets sur dix sont ouverts. Plusieurs centaines de personnes sont amassées là – les rares vols internationaux encore en activité arrivant tous à la même heure – et laissées livrées à elles-mêmes. Il n'y a aucune signalétique au sol, aucun distributeur de gel hydroalcoolique : les gestes barrières n'existent plus. Si cela ne suffisait pas, il est demandé aux passagers de remplir un second formulaire, papier cette fois, dont les exemplaires sont concentrés sur une unique petite table ronde avec deux stylos à se partager. On se bouscule.

Une seule dame est présente pour renseigner tout ce monde, et son ton est sévère et agacé. « Pays à risque ? File de gauche ! Pays jaune ? File de droite ! » Un homme lui présente le résultat de son test PCR pour qu'elle le rassure sur sa validité. « Il date de plus de soixante-douze heures, vous ne pourrez pas entrer en France ! », répond-elle de but en blanc. Il tombe à genoux et fond en larmes. Il vient de perdre son père et a traversé la moitié du globe pour assister à son enterrement. Il est à bout de nerfs. La dame reste de marbre : « La règle c'est la règle. Vous devez présenter un test qui date de moins de soixante-douze heures avant votre arrivée en France. » Elle s'éloigne, le laissant à son désespoir. Dix minutes plus tard, elle revient. « En fait, le test doit dater de soixante-douze heures maximum avant votre départ. Le vôtre est donc valable », indique-t-elle au monsieur sans une excuse. « Paris vous aime », peut-on lire affiché sur le mur.

Finalement, le policier aux frontières ne nous demande ni le test PCR ni notre attestation sur l'honneur. Il jette simplement un œil distrait à notre passeport : « Français ? Passez. » Nous voici en France. Nous sommes orientés vers un hall où un nouveau test antigénique doit être fait. Le processus est rapide : on entre dans une cabine, on nous insère l'écouvillon dans le nez, on ressort aussi sec avec un numéro de patient. Dix minutes plus tard, nous recevons le résultat sur notre téléphone avec un QR code. Il est négatif, nous pouvons sortir de l'aéroport. En théorie.

Quand nous arrivons devant la rangée de policiers qui garde l'entrée, c'est la douche froide. « On n'a pas l'appareil pour lire les QR codes. Attendez que la Sécurité civile vous imprime le résultat. » Cette impression semble prendre un temps fou. La Sécurité civile explique ne pas avoir encore reçu le résultat – que pourtant nous, nous avons. Elle note les numéros des patients dont le précieux sésame est prêt sur une petite ardoise devant laquelle tout le monde se masse. C'est à nouveau la bousculade sans distanciation sociale. Le numéro de l'un d'entre nous apparaît au bout de vingt minutes. L'autre doit attendre le double alors que nous avions fait le test en même temps.

Nous revenons vers les policiers. Cette fois c'est bon. « Signez là, là et là, pour vous engager à vous isoler pendant dix jours. » Nous rejoignons un appartement dans le IXe arrondissement que nous avons spécialement loué pour effectuer notre quarantaine. Il est trois fois plus petit que celui que nous avions à Rio pour un prix trois fois supérieur, mais il est douillet et original avec sa décoration de super-héros Marvel. Le deuxième jour, les policiers viennent bien contrôler que nous sommes à notre domicile. Disons-le aussi quand des mesures sont bien appliquées. Après avoir contrôlé nos identités, ils demandent : « Est-ce qu'on peut faire une photo avec la collègue ? Ma fille est fan », en pointant du doigt l'immense statue de Wonder Woman qui garde l'entrée.

Nous aurions pu rêver d'un comité d'accueil composé de nos proches à l'aéroport. Nous aurions pu espérer pouvoir serrer très vite nos parents et nos amis dans les bras. La pandémie a rendu cela impossible. Mais, bizarrement, loin de nous attrister, cela a simplifié notre retour. Après presque deux ans à parcourir à deux la planète, nous avions un peu d'appréhension à replonger d'un coup dans la vie en communauté. La quarantaine obligatoire nous a servi de sas de décompression, elle nous a permis d'écarter pendant quelques temps toute forme d'obligation sociale. Nous avions le droit de sortir deux heures par jour, alors nous en profitions pour arpenter le quartier et faire quelques courses. Au rayon fruits et légumes du supermarché, on s'amusait : « Je crois que nous sommes toujours en Amérique latine, tous les produits viennent de là. » Nous étions aussi au moment de l'ouverture à tous de la vaccination, ce qui nous permit de bénéficier très vite d'une dose. Au bout d'une semaine, les restaurants rouvraient, notre sortie autorisée prenait alors la forme d'un café en terrasse. Finalement, nous réapprenions à vivre à Paris en même temps que Paris reprenait vie.

XXVI

« Vous repartez quand ? »

Paris, France, jeudi 10 juin 2021

Nous ne savons pas si c'est un vœu, un conseil, un souhait ou une simple curiosité. Mais c'est vrai que depuis que nous sommes rentrés, la question qui revient le plus souvent c'est : « Vous repartez quand ? » Nous l'ignorons. Nous sommes très heureux d'être rentrés à Paris, en France, auprès de nos proches, et de retourner au boulot.

Finalement, le coup de blues post-tour du monde ne nous a pas – encore ? – atteints. Nous continuons à avoir des nouvelles des « vagabondeurs » que nous avons croisés sur la route. Clara et Antoine n'ont pas supporté le retour au bercail. Leur couple n'y a pas résisté… Jusqu'à ce qu'on les retrouve en octobre 2021 à Paris nous annonçant joyeusement avoir acheté un appartement ensemble ! La déprime n'était que passagère. Ils ont su la surmonter.

Ce n'est pas anodin de se dépouiller de tout, du confort, de la routine – qui est une forme de confort –, de ses amis, de sa famille, de son travail… C'est un choc. Un choc volontaire mais pas totalement naturel tant nos sociétés ne sont absolument pas adaptées à ce genre de césure dans une vie. Et ce choc est au moins aussi intense au moment de rentrer et de devoir tout reconstruire.

Alors, que nous en reste-t-il de ce tour du monde ? Avec le recul, c'est probablement cette capacité à nous adapter qui a été décuplée avec encore plus d'assurance aussi. Nous savons qu'il y a toujours une solution face aux difficultés. En tour du monde, nous avons été obligés d'en trouver en toutes circonstances. C'était la condition *sine qua non* pour avancer au risque de mettre en péril notre projet. Avant cela, nous avions déjà une vie professionnelle très active. En politique ou dans le journalisme, il faut savoir en permanence être sur le qui-vive, avoir un beau carnet d'adresses, les bons réflexes, une capacité d'adaptation face à toutes les épreuves. Néanmoins, changer de langue, s'adapter à des cultures différentes, à des coutumes, à un rythme, à des logements, enchaîner les moyens de transport au quotidien, c'est encore une autre affaire !

Nous avons aussi modifié notre regard sur notre pays. Partis chauvins, nous sommes aujourd'hui plus nuancés. Nous savons plus que jamais à quel point nous vivons dans un pays merveilleux.

Probablement le seul qui regroupe autant de sublimes paysages naturels et autant de patrimoine historique. Le seul qui offre de telles protections dans tous les domaines à ses concitoyens : filet social, économique, culturel, politique. Même en termes de sécurité : on l'oublie tant c'est devenu banal, mais on ne risque pas de se faire tirer dessus à chaque coin de rue en France. Vous allez nous dire : « Encore heureux ! » Oui, encore heureux. Mais pourquoi donc ne le sommes-nous pas ?

Chaque Français qui rentre chez lui après quelques jours de vacances est toujours surpris de voir à quel point la tristesse se lit sur le visage de ses concitoyens. Nous avons une chance inouïe de vivre en France. Alors, oui, il faut continuer à protester, à contester, à critiquer. C'est notre caractère. C'est le sel de notre histoire. Claude, l'habitant d'Auroville, nous disait une chose essentielle : « Surtout, quand vous rentrerez de votre tour du monde, n'oubliez pas une chose : continuez à critiquer ! » Rares sont les pays où l'esprit du peuple est à la contestation. La manifestation peut faire avancer les choses lorsque cela est constructif. Au bout d'un moment, la contestation peut devenir stérile, elle se perd dans ses propres théories et peut aboutir à la paralysie.

C'est ce que nous avons constaté, loin de la France. Les débats sur le port du masque étaient d'un ridicule. Pourquoi débattre d'un objet scientifique comme si on débattait de politique ? Tout cela a pris un temps fou et n'a pas permis à notre pays de développer des mécanismes innovants, immédiats. L'adaptation, elle est venue au contraire de peuples que la crise a placés au pied du mur. Aucune aide sociale en Amérique latine, des finances largement soutenues par l'économie souterraine. Il était hors de question de tout fermer. Alors, dès août 2020, les musées restaient ouverts avec des jauges, des créneaux réservés sur Internet et un marquage strict au sol pendant que tous les lieux de culture étaient fermés en France. Tandis que les pays européens faisaient fi d'une partie des recommandations de l'OMS, l'Asie du Sud-Est les appliquait à la lettre, encore marquée par la précédente épidémie de SRAS. Le leitmotiv « Tester, Tracer, Isoler » était déjà en vigueur au Vietnam en mars 2020. Sans parler des masques que nous portions dès le mois de janvier au Laos. Comparaison n'est évidemment pas raison, car la pandémie n'a pas touché tout le monde au même moment, avec la même force et dans le même contexte. Mais si aucun pays n'a géré à la perfection cette crise d'une ampleur inédite, nous avons vu, en poursuivant notre aventure, qu'il y avait partout des bonnes idées à piocher. Et que, bien souvent, la France, pendant ce temps, ne regardait qu'elle-même.

Nous ne voulions pas voir jusqu'alors l'Europe comme un vieux continent. Alors qu'elle l'est. Elle conserve néanmoins dans les yeux du reste du monde son image de beauté architecturale et de liberté. « C'est vrai que si je vais en Allemagne, je peux aussi aller en France sans passeport ? » Cette simple question posée par Kapil, le volubile propriétaire d'un petit hôtel de Jodhpur, en Inde, nous renvoie instantanément à la chance que nous avons de vivre sur l'une des rares parties du monde en paix depuis plus de soixante-dix ans. Elle nous rappelle que nous avons le droit d'aller et venir chez nos voisins puis de rentrer chez nous en toute sécurité. C'est un état de fait unique au monde, c'est déjà beaucoup. L'Europe bénéficie aussi toujours d'un *a priori* positif – du fait sûrement en partie de l'impérialisme reproché aux États-Unis et à la Chine. Mais dans les discussions que nous avons pu avoir avec les habitants de tous les pays que nous avons traversés, l'Europe n'est en revanche plus vue comme le continent créatif où s'invente le monde de demain. Nous avons été ébahis par la vitesse avec laquelle des nations se transforment, inventent. Nous le disions plus avant : l'Inde déploie la 4G plus vite que l'eau courante, comme si elle décidait d'un seul coup d'enjamber un siècle de développement. D'ici à ce qu'elle et tant d'autres pays marchent loin devant nous, il n'y a qu'un pas.

C'est à travers ces évocations que nous revient en fait toute la richesse de ce voyage. Alors, quand repartirons-nous ? Nous ne le savons pas encore, mais le simple fait de dire cela revient à admettre que nous repartirons.

En attendant, nous avons rapidement retrouvé nos marques grâce aux fils que nous n'avions jamais vraiment coupés avec Paris. Nos familles nous ont évidemment accueillis à bras ouverts comme si nous ne nous étions jamais vraiment quittés – merci les réseaux sociaux. Nos amis nous ont prêté leurs appartements le temps de trouver un nouveau pied-à-terre. Auguste nous a fait la tête une semaine avant de revenir nous demander des papouilles sur le ventre. Nous ne nous sommes pas pour autant lancés dans un CAP pâtisserie et nous ne sommes pas partis habiter en Haute-Savoie comme Éva et Pierre-Olivier. Pierre a repris le travail fin août dans une rédaction et Matthieu début octobre dans une grande organisation internationale. Journalisme et communication. Comme à notre départ. Mais sans avoir l'impression d'avoir fait du surplace. Et puis il y a eu ce projet de livre. Tout est finalement allé très vite. C'est sûrement la clef pour ne pas déprimer.

Le contrecoup se fera peut-être sentir plus tard, qui sait ? Pour le moment, tous nos souvenirs, nos nouvelles connaissances culturelles, nos contacts que nous avons maintenus avec les uns et les autres en Inde, en Indonésie, au Laos, au Vietnam, au Mexique, en Colombie, au Pérou, au Paraguay ou au Brésil se mêlent pour former une belle aura au-dessus de nos têtes. Nous repensons à ces coqs qui nous réveillaient à 4 heures du matin comme dans ce village karen au nord de Chiang Rai, en Thaïlande, où nous avions dormi avec Lisa et Sophie. La Thaïlande où nous sommes devenus accros au piment, un goût que nous avons rapidement perdu de retour en France, mis à part pour le piment d'Espelette, évidemment. Il y a cette doudoune Quechua qui nous aura bien fait suer, surtout quand on ne la portait pas. Nadia, si tu lis ces lignes, nous espérons qu'elle t'a apporté toute la chaleur dont tu avais besoin sur l'Altiplano. Et puis Pedro qui nous fait visiter Brasilia *by night* nous embarquant dans sa voiture sans aucune crainte vis-à-vis de ces deux étrangers qui visitent la capitale administrative du Brésil en pleine pandémie. Nous n'étions pas les seuls, d'ailleurs, puisque c'est aussi dans la ville imaginée par Kubitschek et dessinée par Niemeyer et Costa que nous avons rencontré la joyeuse famille Melinette avec Catherine, Christophe et leur fils Célestin. Nous les avons depuis retrouvés en France. Il y a ce match de foot improbable à 4 000 mètres d'altitude sur l'île péruvienne d'Amantani, au milieu du lac Titicaca, et cette fête intervillages tellement ennuyeuse côté bolivien, sur la Isla del Sol.

Nous nous remémorons cette jeune fille croisée dans un coin de rue sombre de Malang, sur l'île de Java, au sud de l'Indonésie. Nous craignons de lui avoir fait peur, mais elle nous rassure très vite et nous ouvre sans le savoir les portes de son pays avec son tonitruant : « *Give me five !* », joignant le geste à la parole. Il y a ces jeunes de Khajuraho, en Inde, dont Satyam qui poursuit aujourd'hui ses études pour devenir guide professionnel. Nous n'oublions pas Cristhian et Raibert qui tentent toujours de joindre les deux bouts du côté de Carthagène des Indes, en Colombie. Ni ce jeune Birman qui a, lui aussi, fondu en larmes devant nous en nous parlant de sa pauvre condition de vie…

Il reste des sensations, des regards, des instants. La piscine nationale de Vientiane, au Laos. Ces McDo méticuleusement testés, un dans chaque pays. La coutume indienne de ne pas montrer la semelle de ses chaussures à table ou l'impossibilité pour les Japonais de dire « non ». Des paysages, aussi, à l'image de la beauté immaculée du *salar* d'Uyuni rasé par le soleil de février et qui se reflétait lui-même dans l'eau ruisselante à la surface salée. Le lever du soleil sur le volcan Bromo, en Indonésie, ou quand la magie naturelle rencontre le spirituel. La délicate architecture de marbre du Taj Mahal posée sur le monde comme un guetteur de la tranquillité. Au sommet, l'Himalaya qui nous rappelle la puissance de la nature, ses dangers et sa beauté hypnotique. Le glacier Pastoruri, au Pérou, terrifiant colosse de glace qui a perdu de sa superbe en seulement quelques années, nous confirmant la fragilité de notre planète.

Dans la capitale, Lima, nous avons découvert un temple enfoui sous un terrain vague jusque dans les années 1980 et qui constitue pourtant le premier chef-d'œuvre précolombien avec ses briques verticales presque deux fois millénaires et toujours debout. Ces églises churrigueresques au Mexique où les statues expressives des madones donnent du kitsch au sacré. Les innombrables représentations de la grotte de Lourdes, chère à Pierre, dans un style propre à chaque pays, de Can Tho, au sud du Vietnam, jusqu'à Salvador de Bahia, au Brésil, en passant par Jakarta ou Mexico. Les volcans qui dominent Arequipa, au Pérou, et qui écrasent toutes les arrogances des hommes. Le Cerro Rico de Potosí, en Bolivie, ancien centre du monde, qui a fait la fortune des Espagnols et l'infortune des milliers de malheureux qui ont péri dans ces galeries où nous avons pu pénétrer grâce à Willy, fils et petit-fils de mineurs, protégés par El Tio.

Le Machu Picchu qui s'éveille devant nous, quasiment seuls sur le site ce matin-là, ou quand la magie des éléments nous dévoile une pièce de théâtre dans laquelle l'homme joue le rôle de pygmalion. Et la découverte de Waqrapukara, forteresse pré-inca dont les secrets restent à révéler. Il y a la grâce du sanctuaire Dom Bosco, à Brasilia, aux murs ajourés parsemés d'un camaïeu de bleu et de violet et des dauphins aux côtés desquels nous avons mangé sur le Mékong. L'aridité et les couleurs ocre, jaunes, blanches des plaines et des falaises de Paracas mêlées aux bleus turquoise de l'océan et électriques du ciel. Le vol des condors sur les hauteurs de Samaipata, en Bolivie.

Nous revenons aussi éberlués devant le paysage unique offert par le Pain de sucre de Rio, cette baie, ces plages, cette douceur, ce bleu, ce vert, ces odeurs. Le syncrétisme de la nature et des hommes comme à San Juan de Chamula où l'église tzotzil est couverte d'aiguilles de pin, où l'on boit du Coca pour expulser les démons en rotant, où les saints portent des miroirs afin de refléter notre âme et où l'évêque n'est autorisé à venir qu'une fois par an pour les baptêmes. La quiétude de la chambre de mère Teresa dans son couvent de Calcutta. La dureté du lit de Frida Kahlo dans sa maison de Coyoacán, à Mexico. La force magistrale des chutes d'Iguaçu côté brésilien. L'élégante puissance protectrice des réductions jésuites côté paraguayen.

Et puis il y a des odeurs, des saveurs qui reviennent à notre esprit comme autant d'étoiles filantes dans nos papilles. On repense aux innombrables marchés couverts, en plein air, propres ou franchement dégueulasses que nous avons eu le bonheur de visiter. Aux têtes de porcs accrochées, aux épices en vrac, aux jouets en plastique, aux ferrailles, aux poissons aux yeux pas très frais, aux mouches qui tournent autour des volailles, aux *piñatas*, aux odeurs indiennes de *masala*, aux femmes en pyjama et chaussons qui tiennent ainsi leur stand au Cambodge. Nous songeons aux bonbons à la citrouille d'Agra, aux *almuerzos* latino-américains qui nous boostaient à eux seuls dès potron-minet, au maïs blanc, au *mango stick rice* thaïlandais, à la *chicha morada* – boisson à base de bouillon de maïs noir que l'on consommait froide au Pérou et chaude en Bolivie –, à la *chicha blanca* dégustée sur les pentes de la cordillère Blanche, au *cuy*, à l'Inca Cola, boisson chimique couleur urine mais symbole national des Péruviens, aux gels hydroalcooliques qui avaient tous, bizarrement, l'odeur de l'alcool local, aux morceaux de chair brûlés sur les bûchers de Varanasi. Et mille autres douceurs que nous n'avons pu aborder dans ces pages.

Alors, après avoir vécu de telles émotions, après nous être supportés et portés sans interruption pendant deux ans, nous ne pouvions que nous féliciter du test réussi haut la main par notre couple. Comme nous le rappelait un proche : « Après tout ce que vous avez fait ensemble sans vous lasser l'un de l'autre, ça ne peut que durer toute la vie ! » C'est pourquoi, loin du cliché de la demande en mariage sur les plages paradisiaques des îles Gili, de Zipolite ou de Mangue Seco, c'est à Paris, dans un lieu qui symbolise notre première longue marche ensemble, il y a dix ans, que nous nous sommes dit « oui ».

L'aventure continue.

Remerciements

Merci à toutes celles et tous ceux, rencontrés aux quatre coins du monde, qui ont apporté à notre voyage son supplément d'âme. Pas un jour ne passe sans que nous ne pensions à l'une ou l'un d'entre vous.

Merci à nos compatriotes Nadia, Damien, Dimitri, Carla, Antoine, Paul, Julien, Diana, David, Raphaël, Patrick d'avoir partagé un bout de chemin inoubliable avec nous.

Merci à nos parents, Chantal, Olivier, Véronique et Gérard, nos familles, nos amis de nous avoir supportés – dans tous les sens du terme – avant, pendant et après cette incroyable aventure. Vous êtes notre carburant.

Merci, du fond du cœur, à Valérie Dumeige, Karine Do Vale et Vivien Boyer pour votre confiance et vos précieux conseils.

Merci, enfin, aux anonymes qui nous ont suivis, conseillés, soutenus, à travers notre blog et les réseaux sociaux : ils n'ont jamais aussi bien porté leur nom.

Table

TROISIÈME PARTIE
Un nouveau départ

Cet ouvrage a été mis en page par IGS-CP
à L'Isle-d'Espagnac (16)

Achevé d'imprimer en février 2022
par Normandie Roto Impression s.a.s., 61250 Lonrai
N° d'impression : 2200723
N° d'édition : L.01EBNN000754.N001
Dépôt légal : mars 2022

Imprimé en France